Klausen 1308–2008
Ein Lesebuch zur Stadtgeschichte

D1662835

STIFTUNG SÜDTIROLER SPARKASSE
FONDAZIONE CASSA DI RISPARMIO DI BOLZANO

1854

Impressum

© Verlag A. Weger, Brixen 2008
Weißenturmgasse 5 – 39042 Brixen (BZ)
Tel. +39 0472 836 164 – Fax +39 0472 801 189
www.weger.net – info@weger.net

Herausgeber: Stadtgemeinde Klausen
Texte: Sepp Krismer, Klausen
Gesamtherstellung: Druckerei A. Weger, Brixen
Printed in Italy, 2008
ISBN: 978-88-88910-49-9

Fotos:
Stadtarchiv Klausen
Simon Rabensteiner, Klausen
Lukas Krismer, Klausen
Martina Fink, Klausen
Andreas Gardener, Leifers
Fotoarchiv Hugo Atzwanger, Südtiroler Landesmuseum für Volkskunde (S. 34)
Louis Holzer, Lienz (S. 53)
Toni Öhler, Klausen

Sepp Krismer

Klausen
1308 – 2008

Ein Lesebuch zur Stadtgeschichte

Verlag A. Weger

Vorwort

Im Tiroler Landesarchiv in Innsbruck wird ein Dokument verwahrt, das am 3. Dezember 1308 von Fürstbischof Johann III. in Brixen vor sieben anwesenden Zeugen ausgestellt worden ist. Darin geht es um die Verleihung des Marktrechtes für zwei Häuser in Klausen, die einem gewissen *Ebelein von Plehtz* gehörten. Der Inhalt des Dokumentes wäre an und für sich kaum erwähnenswert, wenn darin nicht von *hauser und hoefstet ze Chlausen in der stat* (von Häusern und Hofstätten zu Klausen in der Stadt) die Rede wäre.

Leider gibt es keine Urkunde, aus der das genaue Datum der Stadterhebung hervorgeht. Das oben erwähnte Dokument ist jedoch das älteste, in dem der Begriff Stadt verwendet wird. Es stellt den eigentlichen Anlass dar, 700 Jahre später ein denkwürdiges Jubiläum zu feiern.

Das vorliegende Buch ist eine der zahlreichen Initiativen, die die Stadtgemeinde Klausen anlässlich des Jahres 2008 verwirklicht hat. Es soll eine kleine und handliche, vor allem aber leicht lesbare und unterhaltsame Broschüre sein.

In diesem Buch werden besondere Ereignisse erzählt, die sich während der 700jährigen Stadtgeschichte zugetragen haben. Der Bogen spannt sich von ehemaligen Stadtrechtsordnungen und von mittelalterlichen Gerichtsurteilen über Reiseaufzeichnungen prominenter Besucher bis herauf zu wichtigen Geschehnissen der jüngeren Vergangenheit. Die Auswahl fiel auf wichtige, exemplarische, ungewöhnliche, aber auch kuriose und skurrile Begebenheiten. Einige werden die Leserinnen und Leser vielleicht zum Schmunzeln bringen, andere wieder eher nachdenklich stimmen oder ein Kopfschütteln verursachen.

Bei der Behandlung der jüngeren Vergangenheit gestaltete sich die Auswahl der Themen schwierig. Einerseits sollten alle wichtigen Ereignisse, die die Stadt betroffen haben, einbezogen werden, andererseits eine lose, stichwortartige Aneinanderreihung von Fakten und Daten vermieden werden. Da dies nur beschränkt möglich war, wirken die Begebenheiten der letzten beiden Jahrhunderte (leider) etwas weniger spannend als jene der weiter zurückliegenden Vergangenheit.

Zur besseren Übersicht ist das Buch in folgende vier große Zeitabschnitte gegliedert worden:

1308–1803	Klausen als Teil des Hochstiftes Brixen
1803–1919	Klausen als Gemeinde Tirols innerhalb Österreichs
1919–1945	Die Zwischenkriegszeit und der 2. Weltkrieg
ab 1945	Die Nachkriegszeit

Eine kurze Einführung am Beginn eines jeden Zeitabschnittes fasst die rechtliche und politische Situation zusammen, in der sich die Stadt jeweils befunden hat.

Die einzelnen Geschichten sind chronologisch geordnet, aber voneinander unabhängig. Auf diese Weise entstand ein kleines „Lesebuch zur Stadtgeschichte". Das Stichwortverzeichnis am Ende des Buches erleichtert die Suche nach einzelnen Themen und Sachgebieten.

Mit der Chronik des Anselm Pernthaler, mit einigen Dissertationen bzw. Diplomarbeiten sowie zahlreichen anderen Veröffentlichungen sind die Quellen zum Thema Stadtgeschichte überaus reichhaltig.

Aufgespürt wurden die einzelnen Ereignisse und Begebenheiten zum größten Teil in folgenden Schriftstücken:

Anselm Pernthaler (Frühmesser in Klausen)
- Chronik von Klausen (im Stadtarchiv)

Christoph Gasser (Gemeindearchivar in Klausen)
- Stadt und Hochstift, Klausen am Eisack, Siedlungsgeschichte und

Stadtwerdungsprozess, Veröffentlichung des Südtiroler Landesarchivs, Band 12, 2000, Athesia Bozen
- Stadtarchiv Klausen
- Beitrag in: Klausner Künstlerkolonie, 2000, A. Weger, Brixen
- Chronik der Freiwilligen Feuerwehr Klausen, 2001, Athesia Brixen

Christoph Gasser und Margareth Nössing
- Beiträge zur Häusergeschichte der Stadt Klausen, A. Weger, 1991

Alois Rastner
- Die Hauptmannschaft Säben, das Stadtgericht Klausen, die Gerichte Latzfons und Verdings, 1500–1641, Dissertation 1974

Romana Stifter
- Die Hauptmannschaft Säben, das Stadtgericht Klausen, die Gerichte Latzfons und Verdings, 1641–1803, Dissertation 1984

Sonja Webhofer
- Die ältesten Urkunden im Stadtarchiv Klausen (1328–1450), Diplomarbeit 1994

Klaus Brandstätter, Universitätsassistent
- Städtische Verwaltung und Bürgerschaft in Klausen im 15. Jahrhundert (zwei Abhandlungen in der Zeitschrift Schlern, Jahrgang 1999, Heft 7 und Heft 11), Athesia Bozen

Karl Wolfsgruber
- Der Zoll in Klausen, Schlern, Jahrgang 1972, Heft 7/8, Athesia Bozen

Annemarie Augschöll Blasbichler
- Die Schule in Klausen, Diplomarbeit 1992

Pater Georg Schraffl
- 300 Jahre Kapuzinerkloster Klausen, 1999, A. Weger, Brixen

Um die älteren Texte leichter lesbar und verständlich zu machen, hat sie der Verfasser in die moderne Hochsprache übertragen, und zwar in eine sinngemäße, erzählende Form. Nur einige wenige, besonders wichtige Details sind wörtlich übernommen und durch Kursivdruck gekennzeichnet worden. Bei jeder einzelnen Abhandlung wird nach dem Titel (oder im Text) auf die Autorin oder den Autor hingewiesen.

In den Geschichten ist laufend von den Klausnern, den Bürgern oder den Stadtbewohnern die Rede. Der Verfasser möchte ausdrücklich darauf hinweisen, dass sich diese Wörter ausnahmslos gleichwertig auf beide Geschlechter beziehen.

Um bessere Zusammenhänge aufzuzeigen, hat der Verfasser den einzelnen Begebenheiten häufig einen Ein- oder Ausstieg vor- bzw. nachgestellt. Dafür wurden zusätzlich folgende Druckwerke als Unterlagen verwendet:

Anselm Sparber
- Die Brixner Fürstbischöfe im Mittelalter, 1968, Athesia

Michael Forcher
- Tirols Geschichte in Wort und Bild, 1984, Haymon

Franz Hye
- Tiroler Städte an Etsch und Eisack, Österr. Akademie der Wissenschaften

Festschrift zum 9. Bezirksschützenfest, Bezirk Eisacktal, Klausen, 1992

Stadtbibliothek Klausen, Sammlung von Zeitungsausschnitten über Klausen in den letzten 20 Jahren

Auf weitere Quellen wird in den jeweiligen Erzählungen Bezug genommen.

Der Verfasser bedankt sich bei allen genannten Autoren, vor allem bei Christoph Gasser, der ihm den Inhalt des Klausner Stadtarchivs eröffnet und Zugang zu den verschiedensten Quellen verschafft hat. Ein besonderer Dank gebührt Frau Petra Überbacher aus Bozen für die Korrektur der Texte.

Der Verfasser   Sepp Krismer

Vorwort des Bürgermeisters

Als Bürgermeister der Stadt Klausen wünsche ich mir, dass das Buch bei der Bevölkerung wohlwollend aufgenommen wird und imstande ist, das Interesse an der bewegten Vergangenheit unserer Stadt zu wecken.

Der Bürgermeister der Stadt Klausen   Arthur Scheidle

Klausen, im Jubiläumsjahr 2008

Klausen auf dem Weg zur Stadt (1027–1308)

Säben, Bischofssitz bis kurz vor dem Jahre 1000. Mit der Verlegung des Bischofs-sitzes von Säben nach Brixen beginnt die Geschichte der „clusa" als wichtigste Zoll-stätte des Hochstifts.

Die Geschichte der *stat* Klausen beginnt nicht erst im Jahre 1308, sondern fast 300 Jahre früher. Der Name „Klausen" bezeichnet die Engstelle zwischen Fluss und Berg. Er scheint in der Geschichte am 27. Juni 1027 als *clusa* zum ersten Male auf. Mit diesem Datum hat Kaiser Konrad II. dem Brixner Bischof Hartwig die Grafschaft im Eisack- und Inntal übertragen.

Die *clusa sub Sabione* (Klause unter Säben) bildete die strategisch und wirtschaftlich äußerst wichtige Südgrenze dieser Grafschaft. Dies kommt durch die Übertragung des Klausner Zolls an den Bischof von

Brixen am deutlichsten zum Ausdruck (1028). Die Klausner Erträge *stellten jene anderer Zölle weit in den Schatten und bildeten für die Brixner Fürstbischöfe eine der wichtigsten Einnahmequellen* (Brandstätter).

Ein planmäßiger Ausbau der Stadt war zu Beginn des 13. Jahrhunderts bereits abgeschlossen. In der Folge erlebte Klausen einen beachtlichen wirtschaftlichen Aufschwung. Auch das Pilgerspital zu den Zwölf Aposteln in den Eisackauen, das Bischof Konrad von Rodank um diese Zeit gegründet hatte, förderte die positive Entwicklung.

Die Anerkennung lässt nicht lange auf sich warten. 1220 wird Klausen als *forum* (Markt) bezeichnet, um 1277 werden die Bewohner bereits *cives* (Bürger) genannt, und schließlich ist, sozusagen als letzter Meilenstein in dieser Entwicklung, im Jahre 1308 von der *stat* die Rede.

Die Urkunde vom 3. Dezember 1308

(Tiroler Landesarchiv)

(im Originallaut)

Johannes pischolf ze Prixnen verleiht dem Ebelein von Plehtz zwaei hauser und hoefstet ze Chlausen in der stat mit allen diu und der zue gehoert von der straszen huenz an den Eysach ze rehtme marchtreht zwischen der Chlausnerin haus und der Muetling mit chelre mit gezimere, die er hat chauft von Nikelein und von Tegnen Winthers sunen von Chlausen. Zeugen her Raeimbreht von Sebne, Randolt abe Vilanders, Fritze von Milloun, Chuenrat abe dem Hofe, Nicolaus der schaffer, Ebele und Fritze des Plehtzshers nefen.

Geschehen ze Prixnen in unserm hofe 1308 des eritages nach sand Andreas tage.

(in sinngemäßer Wiedergabe)

Johannes, Bischof zu Brixen, verleiht dem *Ebelein von Plehtz* das rechtmäßige *Marktrecht* für zwei Häuser und Hofstätten in der Stadt Klausen. Er hat diese (Häuser und Hofstätten) von Nikelein und von den Söhnen des Tegnen Winter von Klausen gekauft und sie liegen zwischen den Häusern der *Klausnerin* und der *Muetling*. Das *Marktrecht* bezieht sich auf alle Räumlichkeiten (Keller und Zimmer) und auf alles, was dazu gehört, von der Straße hinunter bis zum Eisack.

Zeugen sind:
Raeimbreht von Sebne (Säben), *Randolt abe Vilanders*, *Fritze von Milloun* (Mellaun),
Chuenrat abe dem Hofe (Konrad Oberhofer?), *Nicolaus der schaffer*,
Ebele und Fritze, die Neffen *Plehtzshers*.
Geschehen zu Brixen an unserem Hofe 1308 am Dienstag nach dem Andreastag.

Stadtsiegel um 1440

Gemäß Kalender ist die Urkunde am 3. Dezember des Jahres 1308 ausgestellt worden. Der unterfertigte Bischof ist Johann III. von Schlackenwert (Ortschaft in Böhmen). Nachdem er erst wenige Tage vorher die Bischofsweihe empfangen hatte (Sparber), muss der gegenständliche Vertrag eine seiner ersten Amtshandlungen gewesen sein.

Aus der Urkunde geht deutlich hervor, dass *Ebelein von Plehtz* die beiden Häuser schon früher käuflich erworben hatte. In der Urkunde geht es demnach nicht um ihren Kauf oder Verkauf, sondern um die Verleihung des *„Marktrechtes"* (oder *„Markrechtes"*) für die beiden Liegenschaften. Was ist darunter zu verstehen?

Die Verleihung des Marktrechtes an Häuser, Gärten und Bauplätze war in Klausen schon ab 1250 eine gängige Praxis (Hye). Genau genommen handelte es sich um eine Steuergebühr, die man über den Burghauptmann von Säben an den fürstbischöflichen Stadtherrn zu bezahlen hatte. Mit dieser Steuer war aber auch ein besonderes Recht verbunden. Jene Häuser, für die Marktrecht bezahlt wurde, waren von allen Erbschafts-, Kauf- und Tauschtaxen befreit (Rastner). Im Klausner Stadtrecht von 1485 wird explizit darauf Bezug genommen, dass man „für ein Haus mit *markrecht* keine *abschidung* und kein *geding* bezahlen muss, wenn man es verkauft" (Pernthaler). Aus diesem Grunde dürfen wir annehmen, dass die Verleihung des Marktrechtes zu einer beachtlichen Aufwertung der betreffenden Liegenschaft geführt hat.

Leider wissen wir nicht, von welchen Häusern in dieser Urkunde die Rede ist. Von den Angaben her (von der Straße hinunter bis zum Eisack) könnten es zwei Häuser entlang der Flussseite in der Oberstadt sein.

1. Zeitabschnitt 1308 - 1803

Klausen als Stadt des Hochstiftes Brixen

Bis 1803 gehörte Klausen zum Hochstift Brixen. Dieser einleitende Abschnitt behandelt die rechtliche und politische Situation, in der sich die Stadt Jahrhunderte lang befunden hat. Gleichzeitig werden einige Begriffe erklärt, die in den einzelnen Geschichten immer wieder verwendet werden.

Der Fürstbischof

Dass Kirchenfürsten von den deutschen Königen Grafschaften verliehen bekamen, war ein geschickter politischer Schachzug. Traditionsgemäß ließen sich die Könige in Rom vom Papst zum Kaiser krönen. Da der Weg dorthin in den meisten Fällen über den Brenner führte, war es für das Reich *nicht gleichgültig, in wessen Gewalt sich die Wege nach Italien befanden* (Michael Forcher in: Tirols Geschichte in Wort und Bild).

Konrad II., 1027 in Rom zum Kaiser gekrönt, vertraute das Land in den Bergen den Bischöfen von Brixen (und von Trient) an. Klausen bildete einen Teil der Grafschaft an Eisack und Inn wurde mit dieser Maßnahme direkt dem Bischof von Brixen unterstellt.

Für die Bischöfe bedeutete die Verleihung einer Grafschaft einen entscheidenden politischen Karrieresprung. Im Auftrage des Königs oder des Kaisers war der jeweilige Bischof in seinem Herrschaftsbereich höchster Regent, Verwalter und Richter in einer Person. Er trug den Titel „Fürstbischof".

Die Macht der Fürstbischöfe in der Klausner Geschichte war nahezu uneingeschränkt. Nicht nur in der Urkunde von 1308 ist der Bischof

der Hauptdarsteller, sondern auch in vielen anderen, jüngeren Begebenheiten, die in diesem Buche erzählt werden.

Die beiden Wappensteine erinnern an die Südgrenze des Hochstiftes Brixen. Der
Tinnebach trennte Jahrhunderte lang die Bistümer Trient (links, Adler) und
Brixen (rechts, Lamm).

Das Hochstift Brixen

Für den Herrschaftsbereich der Fürstbischöfe war der Name Hochstift
gebräuchlich. Das Hochstift Brixen war ursprünglich sehr groß, wurde
aber im Laufe der Jahrhunderte durch die Machtansprüche der Tiroler
Grafen so stark zurechtgestutzt, dass es später nur mehr kleine Gebiete
umfasste, darunter die Städte Bruneck und Brixen und natürlich Klausen mit seinen Nachbargerichten Verdings, Latzfons und Feldthurns.

In Klausen erstreckte sich die bischöfliche Macht allerdings nur bis zu den Flussufern. In Griesbruck befand man sich bereits im landesfürstlichen Gericht Gufidaun, auf der Frag in jenem von Villanders.

Die Ausübung der fürstbischöflichen Macht

Der Fürstbischof hatte in seinem Hochstift die verschiedensten Aufgaben wahrzunehmen, vor allem im Bereiche der Verwaltung und der Rechtsprechung. Im Sinne einer besseren Effizienz delegierte er einige Aufgabenbereiche an geistliche und weltliche „Beamte". Sie wurden in den meisten Fällen von ihm selbst eingesetzt. Als Mitglieder des Domkapitels oder des Hofrates versahen viele ihren Dienst am fürstbischöflichen Hof in Brixen, einige aber auch in der Peripherie. Im Falle von Klausen handelt es sich um den **Burghauptmann** auf Säben, um den **Stadtrichter** und den **Zöllner** von Klausen. Viele Begebenheiten in diesem Buch befassen sich mit diesen Amtspersonen. Daher sollen ihre Ämter und Aufgaben an dieser Stelle erklärt werden.

Der Burghauptmann (Rastner, Stifter)

Nach der Verlegung des Bischofssitzes nach Brixen kurz vor dem Jahre 1000 blieb Säben weiterhin ein wichtiger Bezugspunkt bischöflicher Macht. Es wurde zum Sitz des Burghauptmanns. Dieser wurde vom Fürstbischof persönlich ernannt und war sein ranghöchster politischer Vertreter im Klausner Bereich des Hochstiftes.
Die Aufgaben des Burghauptmanns waren vielseitig. Er hatte richterliche Befugnisse, trieb Steuern und Abgaben ein, hatte die Burg Säben instand zu halten, die Oberaufsicht über das Bergwerk des Hochstiftes am Pfunderer Berg zu führen, wo es andauernd Streitigkeiten wegen des Grenzverlaufes gab, er hatte die Jagd und die Fischerei zu überwachen, die Waldaufsicht wahrzunehmen u. a. m.

Die Residenz des Burghauptmanns war Säben. Nach dem Brand auf Säben (1533) wurde Schloss Branzoll der neue Amtssitz, nach dem Brand von Branzoll (1671) schließlich das (spätere) Gerichtshaus in der Oberstadt (Neidegger'sche Behausung).

Ursprünglich war der Burghauptmann auf Säben auch für die Belange Klausens zuständig. Mit der Entwicklung zur Stadt kam es aber kurz nach 1300 zur Bestellung eines eigenen Stadtrichters und in der Folge zu einer gewissen Unabhängigkeit vom Burghauptmann.

Der Klausner Stadtrichter (Rastner, Stifter)

Kurz nach 1300 ist in Klausen von einem eigenen Stadtrichter die Rede. Dass dies zeitlich fast genau mit der ersten Erwähnung der „*stat*" zusammenfällt, wird wohl kaum ein Zufall sein.

Auch der Stadtrichter wurde direkt vom Bischof ernannt. Die Stadtbewohner setzten aber schon im Jahre 1485 durch, dass der Richter ein Klausner Bürger zu sein hatte, und sie besaßen das Recht, *Klagen gegen ihn vorzubringen und seine Entlassung zu beantragen* (Rastner). In einigen Begebenheiten werden wir erfahren, dass man von dieser Möglichkeit öfters Gebrauch gemacht hat.

Die wichtigste Aufgabe des Stadtrichters war die Verurteilung von Straftaten. Dabei handelte es sich nicht nur um kleinere Delikte, sondern auch um schwerere Vergehen, die auch mit Todesurteilen geahndet wurden (ab 1526). Auch die Stadtverwaltung (Bürgermeister, Rat, Bürgerversammlungen) war dem Stadtrichter direkt untergeordnet. Verantwortlich zeichnete er weiters für die Einhaltung gewisser Ordnungen. Dazu gehörten Markt- und Gewerbeordnungen, die Feuerordnung, Maßnahmen bei Seuchengefahr, hygienische Vorschriften, u. a. m.

Der Burghauptmann auf Säben war der Vorgesetzte des Stadtrichters. Er hatte die Aufgabe, einen neu eingesetzten Stadtrichter der Klaus-

*Schloss Branzoll, Amtssitz des Burghauptmanns von 1533 bis 1671.
Gemälde von R. A. Höger*

ner Bevölkerung vorzustellen und umgekehrt hatte dieser dem Burghauptmann *gebührende Ehre und Respekt* (Rastner) entgegenzubringen.
Trotzdem war das Amt des Stadtrichters autonom und der Burghauptmann hatte nur begrenzte Möglichkeiten, Einfluss darauf auszuüben.
Im Laufe der Zeit gewann das Amt des Stadtrichters immer mehr
an Bedeutung und ab der Mitte des 17. Jahrhunderts übernahm er in
einer Person auch die Befugnisse des Burghauptmanns (Stifter).

Der Zöllner und der Zollgegenschreiber (Rastner, Wolfsgruber)
Der Zöllner war der dritte wichtige bischöfliche Beamte in Klausen.
Auch er wurde direkt vom Bischof eingesetzt und bekleidete ein überaus bedeutsames und sicherlich auch prestigeträchtiges Amt. Von den
Zöllen des Hochstiftes Brixen wies jener von Klausen die höchsten
Tarife auf und war damit der einträglichste. Etwa 20 % der Zolleinnahmen des Hochstiftes Brixen wurden hier eingehoben. Mit Recht
darf deshalb der Zöllner von Klausen als der wichtigste „Bargeldliefe-
rant" des Fürstbischofs von Brixen bezeichnet werden.
Im Laufe der Zeit kam es sogar zur Einsetzung von Zollgegenschrei-
bern, die gemeinsam mit dem Zöllner alle Einnahmen und Ausgaben
genauestens zu verbuchen hatten. Zu den Aufgaben der Zöllner und
ihrer Gegenschreiber gehörte neben dem Einheben der Zollgebühren
auch die Instandhaltung der Straße von der Brücke in Schrambach bis
nach Kollmann.
So lebenswichtig der Klausner Zoll für den fürstbischöflichen Hof
war, so stöhnten die Klausner Bürger unter den hohen Abgaben. Im
Sinne einer protektionistischen Wirtschaftspolitik war der Waren-
verkehr innerhalb des Hochstiftes zollfrei. Wurden hingegen Waren
von anderen Gebieten eingeführt oder in andere Gebiete ausgeführt,
wurde auch von den Klausnern der Zoll in voller Höhe gefordert. Üb-
licherweise wurde ein Zehntel des Warenwertes als Zollgebühr einbe-

Das fürstbischöfliche Zollhaus in der Oberstadt

halten, bei bestimmten Waren betrug der Abschlag sogar bis zu einem Drittel (Gasser).

Die Stadtobrigkeit

Die bisher genannten Amtspersonen wurden vom jeweiligen Fürstbischof eingesetzt. Im Laufe der Zeit erhielt die Klausner Bürgerschaft schrittweise das Recht, gewisse Ämter selbst zu besetzen. Einen **Bürgermeister** gibt es seit 1424, einen **Ausschuss** seit 1531, einen **Gemeinderat** seit 1615. Die Inhaber dieser Ämter waren dem jeweiligen Stadtrichter untergeordnet und konnten daher nur in beschränktem Maße selbständige Entscheidungen treffen.

Bürgerversammlungen (Gasser, Rastner)

Ein nicht zu unterschätzendes Mitspracherecht hatten aber auch die Bürger selbst. Es war Aufgabe des Stadtrichters, mehrmals im Jahr eine Bürgerversammlung einzuberufen.

In alter Zeit traf man sich dazu im Freien auf dem Platz zwischen den Toren. Dieser befand sich außerhalb des heutigen Brixner Tores, wo bis 1835 der so genannte „Turm vor dem oberen Tor" gestanden hat. In späterer Zeit wurden diese Bürgerversammlungen im Haus des Stadtrichters abgehalten. Eine Beteiligung war für alle Bürger Pflicht. Abwesende wurden mit Geldstrafen belegt (Pernthaler).

Bei diesen Bürgerversammlungen wurde über die verschiedensten Themen beraten und entschieden. Auf der Tagesordnung standen zum Beispiel Befehle der Obrigkeit (Kaiser, Landesfürst, Fürstbischof), allgemeine städtische Angelegenheiten und die Vergabe öffentlicher Ämter (z. B. Bürgermeister und städtische Beamte). Ursprünglich wurde bei diesen Versammlungen sogar zu Gericht gesessen.

Mit der Einsetzung eines Gemeinderates im Jahre 1615 haben diese

Auf dem Platz außerhalb des Brixner Tores (Aufnahme um 1902) wurden die Bürgerversammlungen abgehalten.

Bürgerversammlungen an Bedeutung verloren. Einmal im Jahr wurden sie aber bis zur Auflösung des Hochstiftes im Jahre 1803 weiterhin abgehalten.

Städtische Beamte

Sowohl der Stadtrichter als auch die bürgerliche Verwaltung verfügten über einen „Beamtenstab". Dazu gehörten zum Beispiel Geschworene, Gerichtsschreiber, Stadtgerichtsdiener, Anwälte, der Kirchenprobst, der deutsche und lateinische Schulmeister, die Steurer (= Steuereintreiber), Spitalmeister, Viertelmeister, Holzmeister, Ziegelmeister, Brückenmeister, Brunnenmeister, Stadtmesser u. a.

Die Gerichtsbeamten wurden vom Stadtrichter persönlich eingesetzt, die übrigen Ämter wurden auf den Bürgerversammlungen an geeignete Personen vergeben.

Der Bergrichter

Wieder eine andere Instanz stellte der Bergrichter dar. Die Tatsache, dass das Pfunderer Bergwerk im Tinnetal zum Teil im Hochstift Brixen, zum Teil im landesfürstlichen Gericht von Villanders lag, war Grund für die jahrelangen Grenzstreitigkeiten zwischen Kardinal Nikolaus Cusanus und Herzog Sigmund dem Münzreichen. 1489 einigten sich beide Parteien vertraglich, gemeinsam einen Bergrichter einzusetzen. Auch er hatte verwaltungstechnische und richterliche Befugnisse.

In der Verwaltung des Pfunderer Bergwerkes spielte die Familie Jenner in Klausen eine bedeutende Rolle. Nachdem Oswald Jenner den Ansitz Seebegg in Griesbruck mit dem Knappensaal erbauen ließ, ist ab dem 17. Jahrhundert auch der Ausdruck *Griesbrucker Bergrichter* gebräuchlich (Stifter).

Der Ansitz Seebegg in Griesbruck

Begebenheiten im Zeitabschnitt zwischen 1308 und 1803

12. November 1328
Fürstbischof Albert von Enn regelt die Führung des Pilgerspitals zu den Zwölf Aposteln in den Eisackauen (Webhofer, Pernthaler).

Das Pilgerspital in den Eisackauen hatte im Jahre 1208 seine Tätigkeit aufgenommen und seine Kirche diente seither als Pfarrkirche für Klausen und Latzfons. Als wirtschaftliche Grundlage verfügte das Spital über reiche Pfründe und Schenkungen. Wie es zu führen war und welche Aufgaben es zu erfüllen hatte, war von Anfang an durch klare Richtlinien und Bestimmungen festgelegt. Aber nicht alle Spitalsleiter befolgten diese Regeln, einigen wurde sogar Veruntreuung von Geldmitteln vorgeworfen. Dies ist der Anlass für die Neuregelung im Jahre 1328. Die Urkunde ist in lateinischer Sprache abgefasst. Die sinngemäße Wiedergabe stammt von Anselm Pernthaler.

Der Bischof hält fest, dass Spenden von wohltätigen Gläubigen nur für jenen Zweck verwendet werden dürfen, für den sie gegeben worden sind. Es ist eine Tatsache, dass einige Spitalsverwalter ihre Pflichten in dieser Hinsicht außer Acht gelassen haben. Der Bischof hat mit Missvergnügen erfahren, dass das Stiftungsvermögen nicht wie vorgesehen den Armen zugeflossen ist. Vielmehr habe man diese unfreundlich behandelt und abgewiesen und das Vermögen für eigene oder für ganz fremde Zwecke verwendet. Solche Missgriffe und Vernachlässigungen sind durch strenge Strafen zu ahnden.
Schließlich werden die Aufgaben des Pilgerspitals klar definiert. Es hat nach alter Gewohnheit folgende Dienste zu versehen:

- Im Spital sind zwölf *Bresthafte* (auf Pflegehilfe Angewiesene) aufzunehmen und zu versorgen, woher sie auch immer kommen mögen.
- Jeder von ihnen bekommt am Vormittag und Nachmittag je ein halbes Maß Wein und gutes Brot, dreimal in der Woche erhalten sie frisches Fleisch, nämlich am Sonntag, am Dienstag und am Donnerstag. Überdies sind sie mit Kleidern, mit einem Bett und anderem Lebensnotwendigen zu versorgen.
- Sollten weniger als zwölf Bresthafte im Spital sein, so sollen an ihrer Stelle Blinde, Lahme, Waisen und Gebrechliche aufgenommen werden.
- Fünfmal im Jahr sollen alle, die es nötig haben, ein Almosen bekommen.
- Arme Priester, Kleriker und Skolaren bekommen im Spital ein Mittag- und Abendessen samt Nachtlager. Ausgenommen sind solche, die nur „herumschwärmen".
- Den übrigen Durchreisenden darf man Brot und Nachtlager nicht verweigern, egal zu welcher Stunde sie kommen.
- Sollte nach all diesen Maßnahmen noch Vermögen übrig sein, soll es an Arme und Bedürftige verteilt werden. Nur die letzten 20 Veroneser Mark darf der Spitalverwalter selbst behalten und nach eigenem Gutdünken ausgeben.
- Der jeweilige Spitalsverwalter wird verpflichtet, an seinem Arbeitsplatz zu wohnen.
- Kein Spitalsverwalter hat an diesen Bestimmungen zu „modeln". Wenn er sie nicht beachtet oder sich ohne Grund und ohne Entschuldigung einen Monat von seinem Posten entfernt, verliert er sein Amt und wird es nie wieder bekommen.

Dass diese klaren und strengen Weisungen auch später missachtet worden sind, erfahren wir in der Chronik des Pfarrers und Spitalsleiters *Andreas Brunner* aus dem Jahre 1442. Er bezeichnet darin ei-

Von der ausgedehnten Hospizanlage für Pilger und Reisende hat sich nur die St. Sebastianskirche bis in die Gegenwart erhalten.

nen seiner Vorgänger als *„Nichtnutz"*. Es handelt sich um *Ludwig von Ravensburg*, der von 1401 bis 1418 Spitalsleiter in Klausen war. Laut *Brunner* ließ Ludwig alle Bauten verfallen und zugrunde gehen. Stiftungsgelder erhielten nicht die Armen, sondern seine *Konkubine*.

14. November 1406
Der Fürstbischof verbietet aus Sicherheitsgründen den Zugang zur Hl. Kreuzkirche in Säben (Webhofer).

Die Pflicht, am Dienstort zu wohnen, galt nicht nur für die jeweiligen Spitalsleiter, sondern auch für den Burghauptmann auf Säben (Rastner). Er hatte die Aufgabe, für die Instandhaltung der Burg und der Kirchen Sorge zu tragen. Die Verordnung des Fürstbischofs von 1406 beweist, dass die Burghauptleute diese Aufgabe nicht allzu ernst genommen haben und die Hl. Kreuz-Kirche auf Säben stark vernachlässigt gewesen sein muss.

Anlässlich des bevorstehenden Kirchweihfestes in der Hl. Kreuz-Kirche auf Säben erwartete sich Bischof Ulrich I. einen großen Ansturm von Gläubigen zu Gebet und Ablass. Der Zustand der Kirche war jedoch so prekär, dass die Sicherheit der Kirchgänger nicht gewährleistet werden konnte.

Aus diesem Grunde verbot der Bischof kurzerhand den Zutritt zur Kirche. Um Gebet und Ablass aber nicht zu kurz kommen zu lassen, empfahl er den Gläubigen, in die Marienkirche auszuweichen.

1407

Der Fürstbischof bestätigt den Klausnern ihre alten Rechte und Freiheiten (Brandstätter)

Jedes Gemeinwesen braucht klare Regeln und Ordnungen, damit das Zusammenleben und Wirtschaften reibungslos funktioniert. In Klausen ist immer wieder von „gewohnheitsmäßigen Rechten" die Rede. Sie sind also nicht zu einem bestimmten Zeitpunkt willkürlich verordnet worden, sondern haben sich im Laufe der Zeit eingebürgert und so eine gewisse „Verbindlichkeit" erlangt. Über diese Rechte konnten sich weder Fürstbischof noch Burghauptmann oder Stadtrichter hinwegsetzen.

Darauf bezieht sich die Urkunde aus dem Jahre 1407. Bischof Ulrich I. bestätigt, die *alten Rechte, Freiheiten und Gewohnheiten* der Klausner Bürger in vollem Maße anzuerkennen.

In den Stadtrechtsordnungen von 1428 und 1485 (siehe dort) erhielten diese Rechte ihren schriftlichen Niederschlag.

Siegel mit dem Stadtpatron, dem Hl. Andreas

18. November 1424
Der Bischof überlässt der Stadt Klausen für fünf Jahre den Salzzoll, um Arbeiten an der Stadtmauer zu finanzieren (Webhofer).

Der Salzzoll hatte nichts mit dem Klausner Zoll zu tun und wurde auch nicht vom bischöflichen Zöllner eingenommen. Vielmehr bestellte die Klausner Bürgerschaft seit 1424 einen eigenen Salzzöllner. Sein Amt hatte eine große finanzielle Bedeutung (Brandstätter).

Nicht eindeutig zu beweisen ist, ob die Stadtmauer damals neu gebaut wurde oder ob es sich um eine Instandhaltung gehandelt hat. Nachdem Schloss Branzoll den höchsten Punkt der Stadtmauer bildete, ist es durchaus möglich, dass diese gleichzeitig mit der Burg kurz vor 1300 errichtet worden ist. Die Stadtmauer könnte aber genau so erst um 1424 erbaut und mit dem Salzzoll finanziert worden sein.

Auf diesem Gemälde von Stephan Kessler ist die Stadtmauer deutlich zu erkennen. Sie reicht bis zum Schloss Branzoll.

Mit Einwilligung des Dompropstes, des Domdekans, der Chorherren und des Domkapitels überließ Bischof Berchtold von Brixen den Klausnern für fünf Jahre den Salzzoll. Von dieser Regelung war das gesamte Salz betroffen, das in Klausen gelagert, vertrieben und verkauft wurde.

Offensichtlich machte man sich in Brixen gleich Gedanken, diese Art von „Zollbefreiung" könnte missbraucht werden und zu einer gänzlichen Nicht-Bezahlung der Gebühren führen. Um dem einen Riegel vorzuschieben, wurden alle, die Salz kauften, aufgefordert, den normalen Tarif zu bezahlen. Kaufte man das Salz von einem Händler, der Zollfreiheit genoss (den Zoll also gar nicht schuldete), hatte man als Käufer trotzdem die Gebühren in gleicher Höhe zu entrichten.

Die Einnahmen waren sicher beachtlich. Spätere Abrechnungen beweisen, dass auch nach Ablauf dieser fünf Jahre der Salzzoll weiterhin in Klausen geblieben ist. Dafür musste die Stadt aber die Instandhaltung der Straße zwischen den Toren übernehmen (Gasser).

1424
Klausen hat zum ersten Male in der Geschichte einen Bürgermeister (Gasser, Brandstätter).

Wie eingangs erwähnt, stand an der Spitze der städtischen Verwaltung der vom Bischof ernannte Stadtrichter. Die Einsetzung eines Bürgermeisters im Jahre 1424 war der erste Schritt auf dem Weg zu einer autonomen städtischen Verwaltung.

Das Amt des Bürgermeisters wurde im Rahmen einer Bürgerversammlung vergeben. Seine Amtszeit war nur auf ein Jahr beschränkt. Eine Wiederbestätigung war zwar möglich, doch gibt es nur wenige Personen, die das Amt des Bürgermeisters über mehrere Jahre hinweg innehatten. Der Bürgermeister war dem Stadtrichter nur zur Seite gestellt. Ohne dessen Einwilligung konnte er nicht einmal eine Bürgerversammlung einberufen. Trotzdem war sein Aufgabenbereich sehr vielseitig. Er entschied über Neuaufnahme von Bürgern, wachte über die bürgerliche Ordnung, trieb Steuern ein, ließ nötige Baumaßnahmen durchführen und die Feuerstätten beschauen.

24. Juli 1429
Verleihung der Märkte (Webhofer)

Eine bedeutende wirtschaftliche Rolle spielten seit jeher die Klausner Märkte. Im Mittelalter war das Marktrecht ein besonderes Privilegium. Nachdem Klausen bereits um 1220 als *forum* (Markt) bezeichnet wird, ist anzunehmen, dass die Markttradition bis in diese Zeit zurückreicht. Die Verleihung zweier Märkte durch Bischof Ulrich III. im Jahre 1429 war sicher eine Legalisierung bereits bestehender Rechte.

Die Klausner hatten beim Bischof *„demütiglich"* angesucht, zweimal im Jahr mit einem freien Markt *„begnadet"* zu werden. In der Verleihungsurkunde präzisiert der Bischof, dass Märkte eine Förderung und Verbesserung für Land und Leute darstellen und den Menschen einen großen Nutzen bringen. Demgemäß wird das Ansuchen der Klausner *„gütiglich"* erhört und die beiden Märkte werden mit Rat, Willen und Wissen des Domprobstes, des Domdekans und des Domkapitels bewilligt.

Die Tradition der Klausner Märkte reicht bis ins 13. Jahrhundert zurück. Hier eine Aufnahme aus dem Jahre 1940.

Diese Märkte sollten jeweils eine ganze Woche dauern und mit allen Freiheiten, Rechten und Gewohnheiten ausgestattet sein, wie dies in Brixen und Bruneck bereits der Fall war. Handel betrieben konnte sowohl innerhalb als auch außerhalb der Stadt werden. Festgelegt wurden auch die Termine für diese beiden Märkte, nämlich zu Hl. Kreuz im Frühjahr und zu Hl. Kreuz im Herbst. Es handelt sich um die Kalendertage des 3. Mai und des 14. September. Bezeichnenderweise gibt es in Klausen an den beiden Tagen heute noch einen Markt, nur dauert er nicht mehr eine ganze Woche.

Das Marktwesen wurde 1489 durch Bischof Melchior von Meckau mit der Verleihung eines Wochenmarktes am Donnerstag („*Pfinztag*") weiter ausgebaut. Mit der Zeit kamen weitere regelmäßige Termine dazu.

1429
Pflasterung der Stadtgasse (Gasser)

Im Jahre 1429 ließ Fürstbischof Ulrich Putsch die Gassen in Brixen pflastern. Noch im selben Jahr kam auch die Klausner Stadtgasse dran. Angesichts der hohen Zolleinnahmen erscheint diese Investition durchaus gerechtfertigt.

Das diesbezügliche Dokument ist in lateinischer Sprache abgefasst. Darin wird nicht nur die Enge der Straße betont, die ein Kreuzen zweier Fahrzeuge unmöglich macht, sondern auch ihr schlechter Zustand. Sie wird mit dem Adjektiv „fetida" beschrieben. Ins Deutsche übersetzt bedeutet dies schlammig und morastig, aber auch übel riechend.

1471
Errichtung des Armenspitals (Gasser)

Neben dem Zwölfbotenspital in den Eisackauen gab es in Klausen seit 1471 eine weitere wichtige Pflegeeinrichtung. Es handelt sich um das Armenspital im heute fast baufälligen Haus in der Färbergasse (Nr. 10). Diese Einrichtung dehnte sich im Laufe der Zeit auf weitere Gebäude aus, so auf das Nachbarhaus in der Färbergasse (heute Nr. 8) und zeitweise auf einen Teil der großen Neidegg'schen Behausung (dem späteren Gerichtshaus in der Oberstadt). Auch das „Lazarett" auf der Tinne (am Schindergries) gehörte dazu. Es wurde vom Hochwasser des Jahres 1921 weggerissen.

Das Armenspital war Jahrhunderte lang eine der wichtigsten Wohlfahrtseinrichtungen der Stadt. Es gab eine eigene St. Andreas- oder Bürgerbruderschaft, deren Mitglieder für bedürftige Spitalsinsassen Geld und Lebensmittel spendeten.

Das Armenspital in der Färbergasse (Carl Herrmann, um 1900)

Bis 1847 hatte das Armenspital seinen Sitz in der Färbergasse. Dann erfolgte eine Verlegung ins heutige Rathaus in der Oberstadt. Als dieses Gebäude 1929 zum Rathaus adaptiert wurde, hat man die Pflegeinsassen nach Feldthurns *„abgeschoben"* (Gasser, Nössing: Häusergeschichte).

Erst 75 Jahre später erhielt die Stadt mit der Inbetriebnahme des Hauses Eiseck im Jahre 2003 wieder eine vergleichbare Pflegeeinrichtung.

1485
Die Untere Badstube in der Färbergasse (Gasser, Nössing)

Neben dem Armenspital gab es in der Färbergasse eine weitere wichtige öffentliche Einrichtung, von der 1485 zum ersten Male die Rede ist. Es handelt sich um eine Badstube, die man früher als Untere Badbehausung bezeichnet hat (heute Haus Färbergasse Nr. 6). Als Ergänzung dazu oder vielleicht auch als Konkurrenz wurde einige Jahrzehnte später in der Oberstadt (heute Nr. 48 /50) die Obere Badbehausung eingerichtet.

Diese Badstuben dienten der Gesundheitspflege, genossen aber auch einen recht zweideutigen Ruf. Die Bäder waren oft recht komfortabel eingerichtet und der Service, der geboten wurde, war vielfältig. Es gab Dampf- und Wannenbäder, man konnte sich die Haare schneiden und den Bart scheren lassen, man konnte einen Aderlass oder eine Wundbehandlung vornehmen lassen. Das Baden selbst wurde aber nicht so sehr aus Gründen der Sauberkeit als vielmehr der Gesundheit zuliebe unternommen. Ein weiterer Grund für den Besuch einer Badstube war die Geselligkeit, die in gar manchen Fällen die Grenzen der Freizügigkeit überschritten hat. Es wurde auch gespielt und getrunken. Die allgemeine Regel, dass Frauen und Männer nur zu getrennten Zeiten oder an unterschiedlichen Tagen baden durften, wurde nicht immer eingehalten. Ja, viele der Badestuben waren wohl regelrechte Bordelle, weshalb der Beruf des Baders als anrüchig galt. Zu Beginn des 16. Jahrhunderts setzt ein allgemeiner Niedergang des Badwesens ein, was unter anderem auf moralische Gründe und auf die Ansteckungsgefahr durch das Aufkommen und die rasche Ausbreitung der Syphilis zurückzuführen ist. (Gasser)

1485
Das Klausner Stadtrecht (Gasser, Brandstätter, Pernthaler)

Bereits 1428, in erweiterter Form aber im Jahre 1485 wurden die wichtigsten Regeln für das soziale und wirtschaftliche Zusammenleben schriftlich formuliert. Es handelt sich um das *statrecht*, das *mit gueter alter gewohnhait herkomen* ist (siehe 1407)

Dieses äußerst wichtige Dokument der Klausner Stadtgeschichte regelt viele Bereiche des städtischen Lebens und enthält konkrete Maßnahmen und Vorschriften über das Rechtsleben, über Handel und Gewerbe sowie über Sicherheit und Hygiene. Diese Bestimmungen wurden auf einer Bürgerversammlung öffentlich kund gemacht und mit einer Eidesleistung der Bürger als verbindlich erklärt. Auf einige besonders interessante Artikel wird hier Bezug genommen.

• Ein Punkt dieses Stadtrechtes muss als großer politischer Erfolg im Sinne einer Stadtautonomie bezeichnet werden. Es geht dabei um die Person des Stadtrichters. Seine Einsetzung liegt zwar in der Kompetenz des Fürstbischofs. Dieser darf aber keine beliebige Person mit diesem Amt beauftragen, sondern *„der Herr von Brixen soll nur eine ehrliche Person aus den Reihen der Bürgerschaft"* einsetzen. Tatsächlich stammte die Mehrheit der Stadtrichter ab 1500 aus Klausen und wohnte auch in der Stadt (Rastner).

- Besonders wichtig sind die Bestimmungen zum Bürgerrecht. Wer das Klausner Bürgerrecht erhalten wollte, musste bestimmte Voraussetzungen erfüllen. Dazu gehörte eine eheliche Geburt. Weiters sollte man keine tödlichen Feindschaften haben, um nicht die Stadt mit gerichtlichen Auseinandersetzungen zu belasten. Da man beim Erwerb der bürgerlichen Rechte eine stattliche Summe zu bezahlen hatte, war sicherlich auch ein Mindestvermögen grundlegende Voraussetzung. Bewerber hatten eine Probezeit abzulegen und wurden dann im Rahmen einer Bürgerversammlung aufgenommen. Das Bürgerrecht war übrigens Voraussetzung dafür, in der Stadt Handel und Gewerbe betreiben zu können.

- Als Beispiel für die Gewerbeordnung im Stadtrecht von 1485 sei der Artikel über die Metzger angeführt. Sie wurden unter Eid aufgefordert, jederzeit gutes Fleisch anzubieten, damit die Stadt versorgt sei. Blieben die Bürger länger als zwei Tage ohne Fleisch, mussten die *„Fleischhacker"* Strafgelder bezahlen, und zwar an das Gericht und an die Stadt. Um die Käufer nicht irre zu führen, musste das Fleisch im Verkauf entsprechend gekennzeichnet werden. Ochsenfleisch durfte beispielsweise nur als Ochsenfleisch verkauft werden. Wurde ein Widder geschlachtet, sollte der Metzger die Hoden dranlassen, damit die Käufer sahen, dass es tatsächlich ein Widder war und nicht ein *castraun*.

- Bestraft wird, wer einen *„Misthaufen"*, Holz oder Steine länger als acht Tage auf der Straße lagert. Bei Holz und Steinen wird eine Ausnahme gemacht, wenn Bauarbeiten im Gange sind.

• Eine Hygienebestimmung sagt aus, dass es unter Strafe verboten ist, „*Saichrinnen*", also menschliche Ausscheidungen, auf die Straße zu schütten oder zu gießen, weder in trockenem noch in flüssigem Zustand.

Im Stadtrecht von 1485 scheint der silberne Schlüssel als Klausner Wappen auf.

20. Juni 1492
Hoher Besuch im Gasthof Zum Lamm (Gasser)

Es ist der Brennerstraße zu verdanken, dass immer wieder hohe Besucher auf der Durchreise in Klausen eingekehrt sind. Am 20. Juni 1492 war eine Gesandtschaft der Republik Venedig unterwegs zu einem Besuch bei Kaiser Friedrich III. Nach dem Mittagessen in Bozen ritt die Gruppe weiter nach Klausen und war im Gasthof Lamm in der Oberstadt zu Gast. Der Reisebericht lobt die Persönlichkeit des Wirtes und berichtet über die Unterhaltung, die er seinen vornehmen Gästen angeboten hat.

Während die erlauchten Gesandten zu Abend speisten, kamen zwei Gesangslehrer mit fünf Sängerknaben zu ihnen. Sie sangen verschiedene Lieder, darunter eines ähnlich dem hohen Klange einer Kriegstrompete. Nie wurde ein angenehmerer Gesang gehört, denn jene Knaben, besonders der kleinste unter ihnen, hatten eine äußerst feine Stimme wie eine chiareta (eine Art Zither), sangen in einem wunderbaren Gleichklang, weshalb alle eine ungeheure Freude mit diesen Liedern hatten, und dies um so mehr, weil die Knaben mit ihren Lehrern zusammen sangen und zusammen stimmten, ohne in irgend ein Notenbuch zu schauen. Die erlauchten Gesandten gaben deshalb jedem der Knaben einen Sechser, den Lehrern aber mehr, mit der Aufforderung, in diesem Gesangsunterricht fort zu fahren.

Das war im Gasthof zum Lamm Gottes in Klausen. Der Wirt war eine äußerst liebenswürdige und gütige Person, wohl bewandert in Kultur und anderen Künsten, und hatte das Äußere eines Barons (d. h. eines noblen Herrn). Sein Name war Kaspar (von Neuhaus). (Übersetzung von Christoph Gasser)

Vor der Weiterfahrt am nächsten Tag wohnten die Reisenden auch noch der Fronleichnamsprozession bei.

„Am 21. Juni, also am Fronleichnamsfeste, gingen sie (die Gesandten) nach Anhörung der Messe herum. Überall waren die Wege geschmückt mit Bäumen und der Boden mit Gras bestreut. Von den Balkonen hingen Teppiche und auch Frauengewänder (bestickte Tücher) waren darauf und brennende Kerzen aus Unschlitt, was alles zu Ehre des Fronleichnams hergerichtet worden war."

Das Schmücken der Straße anlässlich des Fronleichnamsfestes hat sich bis zum heutigen Tage kaum verändert.

1494
Albrecht Dürer ist während seiner Italienreise zu Gast in Klausen.

Während seiner ersten Italienreise verweilte Albrecht Dürer in Klausen. Vieles deutet darauf hin, dass der Eisack damals Hochwasser führte und Dürer somit seine Reise nach Süden vorerst nicht fortsetzen konnte.

Während dieses Aufenthaltes malte Dürer ein Aquarell mit dem Bild der Stadt. Diese Ansicht verwendete er einige Jahre später als Hintergrund für den Kupferstich „Nemesis - Das Große Glück". Klausen ist darauf gut erkennbar, jedoch, bedingt durch die Drucktechnik, seitenverkehrt. Dies war der Grund, dass es 400 Jahre gedauert hat, bis man die Übereinstimmung zwischen Klausen und der „Nemesis-Landschaft eindeutig erkannt hat (1900, Prof. Haendcke aus Königsberg in Ostpreussen).

Weit weniger bekannt ist, dass Dürer auf seiner Weiterreise südlich von Klausen (beim Rabensteiner Kofel) ein weiteres Aquarell gemalt hat. Es trägt den Titel „Passstraße in den Alpen" und befindet sich heute in Spanien.

Dieses Aquarell hat Albrecht Dürer am Rabensteiner Kofel südlich von Klausen gemalt.

Winter 1519 / 20
Der Stadtrichter als Wilderer (Rastner)

Fürstbischof Christoph von Schrofenstein verordnete im September 1519 ein strenges Jagdverbot auf Rotwild. Der Burghauptmann von Säben hatte dieses Verbot zu überwachen und Zuwiderhandelnde hart zu bestrafen.

Scheinbar hielten sich etliche Untertanen nicht an das Verbot. Daher waltete Hans Wagenrieder, der Stellvertreter des Hauptmanns auf Säben, seines Amtes. Er nahm die Übeltäter gefangen und schickte einen entsprechenden Bericht nach Brixen. Dort war man mit dem Bericht der Burghauptmannschaft keineswegs zufrieden.

Der Brixner Obrigkeit war aus glaubwürdigen Quellen ein ganz anderer Tatbestand zu Ohren gekommen. Den ersten Hirsch habe nämlich *unser Statrichter zu Clausen Steffan Rieder* erlegt. Natürlich wurde der Burghauptmann dafür gerügt, dass er diesen Sachverhalt in seinem Bericht unterschlagen hatte.

1527
Mathias Messerschmied und sein „Winkelprediger" (Rastner)

Martin Luthers Lehre fiel auch in Tirol auf fruchtbaren Boden. Gegen die „Andersgläubigen" gab es eine regelrechte staatlich und bischöflich verordnete Hetze. Nachdem König Ferdinand angeordnet hatte, alle Ketzer mit Strafen an Leib und Leben zu belegen, hatte sich auch der Klausner Stadtrichter mit diesbezüglichen Maßnahmen und Prozessen zu befassen.

Der erste reformatorische Agitator in Klausen soll Mathias Messerschmied gewesen sein. Er war ursprünglich Chorherr in Innichen, trat aber zum reformierten Glauben über und verbreitete lutherisches Gedankengut.

Messerschmied soll einen gewissen Wolfgang aus dem Sarntal als Prediger nach Klausen geholt haben. Der Stadtrichter wurde bald darauf aufmerksam und er ließ Wolfgang, der sich selbst als Kuhhirte bezeichnete, gefangennehmen und verhören. In den Prozessakten wird er als „Winkelprediger" bezeichnet.

Bei den Verhören machte Wolfgang eine Reihe von Aussagen über Messerschmied und belastete ihn schwer. Demgemäß soll sich Messerschmied 1527 in Klausen aufgehalten haben, mit den Bergknappen in Kontakt gewesen sein, katholische Geistliche provoziert und sich nicht ans Fleischfasten gehalten haben. Wolfgang machte während des Prozesses auch Aussagen über Jakob Hutter, den der Klausner Stadtrichter einige Jahre später gefangen nahm (siehe 1535).

Der Winkelprediger Wolfgang wurde zum Tode verurteilt und auch Messerschmied soll laut Gerichtsakten ein böses Ende genommen haben, jedoch ist von einem über ihn gefällten Urteil nichts bekannt. Vielleicht konnte er sich durch Flucht vor seinen Häschern retten.

1535 und 1561 (siehe dort) kommt es in Klausen zu weiteren exemplarischen Maßnahmen gegen die Reformation.

1530
Jakob Jenner erwirbt den Gasthof zum Bären.

Bedingt durch die günstige Verkehrslage und die wirtschaftliche Attraktivität der Stadt war der Anteil der „Zugewanderten" in Klausen immer verhältnismäßig hoch. So kam es auch zur Unterscheidung zwischen echten, also gebürtigen Klausnern, weiters jenen, die aus der Nachbarschaft kamen, also aus anderen Gebieten des Hochstifts oder

Tirols und schließlich den *„Ausländern"*, die aus Schwaben, Bayern oder anderen Regionen stammten. Ein Verzeichnis der wehrfähigen Männer aus dem 16. Jahrhundert präsentiert klare Zahlen: Von 73 Männern waren „nur" 19 Klausner, 40 stammten aus dem übrigen Tirol und 14 waren „Ausländer" (Hye).

Die Geschichte der Familie Jenner ist ein ausgezeichnetes Beispiel dafür, dass es „Zugewanderten" gelungen ist, in Klausen Besitz zu erwerben und Karriere zu machen. Mitglieder dieser Familie haben im Laufe von über zwei Jahrhunderten in Klausen höchste Ämter bekleidet. Sie begegnen uns als Bürgermeister, Stadtanwälte, Handelsherren, Gastgeber, Zollverwalter, Richter, Hauptleute u. a. m., nahezu jedes bedeutende Haus in der Altstadt war in der Vergangenheit zeitweise Jenner'scher Besitz.

Die Geschichte der Jenner in Klausen beginnt 1519 am Starkenhof. Bereits um 1530 besitzt Jakob Jenner aber die *Wirtstafern am Pern* (nach Anselm Pernthaler). Dieser altehrwürdige Gasthof mit seinen tiefen Gewölben ist bereits seit 1342 nachweisbar. Hier haben die Jenner ihre großen Zeiten erlebt. Das Wirtshausschild mit dem Bären und der Traube wurde später zum Wappen der Familie.

Jakob Jenner war als Bärenwirt so erfolgreich, dass er bereits zwei Jahre später benachbarte Gebäude in seinen Gasthof mit einbezog. Bald reichte sein Besitz hinunter bis zum Brückenturm und sogar über die Brücke hinüber auf die andere Eisackseite, wo Jakob einen Abstellraum erwarb. An dieser Stelle ließ sein Urenkel (Abraham Jenner der Jüngere) später die Bärburg erbauen. Dieser Adelssitz dient seit 1843 als Widum von Klausen.

Jakob Jenner bekleidete 1533 und 1544 das Amt des Bürgermeisters der Stadt. Dass seine männlichen Nachkommen bis 1680 weitere zehnmal Bürgermeister in Klausen waren, ist ein Beweis für das hohe Ansehen, das die Familie in Klausen genossen hat.

Das Wirtshaus zum Grauen Bären, wo die Jenner ihre große Zeit erlebten. Das Wirtshausschild wurde zum Wappen der Jenner von Bärburg und Seebegg.

1531
Klausen erhält einen Stadtrat (Gasser)

Bereits 1525 ersuchten die Klausner den Fürstbischof, er möge der Stadt einen Gemeinderat gewähren, so wie dies in anderen Städten der Grafschaft Tirol bereits der Fall war. Die Forderung wurde mit dem Hinweis begründet, dass man für die Behandlung städtischer Angelegenheiten immer die ganze Gemeinde, also eine Bürgerversammlung, einberufen müsse.

Der Bischof reagierte vorerst nicht. Wahrscheinlich war er mit den damals einsetzenden Bauernaufständen mehr als genug beschäftigt. Also nahmen die Klausner 1530 einen zweiten Anlauf, diesmal mit Erfolg. Es langte zwar noch nicht für einen Gemeinderat, aber 1531 ist von einem *Statrichter, Burgermaister* und *Ausschuß* die Rede.

Von diesem Zeitpunkt an muss die städtische Verwaltung bereits eine gewisse Eigenständigkeit aufgewiesen haben. Zur Durchführung von verschiedenen Aufgaben wurde bei den jährlichen Bürgerversammlungen das dafür erforderliche „Personal" eingesetzt, so der deutsche und lateinische Schulmeister, die Kirchenpröbste, die Steurer (= Steuereintreiber), Spitalmeister, Viertelmeister, Holzmeister, Ziegelmeister, Brückenmeister, Brunnenmeister, Stadtmesser und andere.

Es handelt sich um öffentliche Beamtenposten im Dienste der Stadt. Um Interessenskonflikte zu vermeiden, durften Personen, so lange sie diese genannten Aufgaben erfüllten, weder Handel noch Gewerbe betreiben.

Den geforderten Gemeinderat erhielt Klausen allerdings erst am 31. März 1615 (Gasser, Rastner). Mit der Einführung einer neuen Ratsordnung verloren die Bürgerversammlungen ihre Bedeutung. Ihre Aufgaben wurden fürderhin vom Stadtrichter bzw. von den Räten wahrgenommen. So genannte Stadtrechtsversammlungen gab es aber weiterhin, vorerst zweimal, später nur mehr einmal im Jahr. Die letzte Versammlung fand am 20. Dezember 1803 statt.

1531
Der „Galgenpichl" beim Reinthaler wird als Hinrichtungsstätte bezeichnet (Rastner, Gasser)

Von einem Todesurteil, das der Klausner Stadtrichter gefällt hat, erfahren wir zum ersten Male im Jahre 1526, als Frau Anna Hueberin wegen mehrerer Diebstähle hingerichtet wurde. Der Standort, an dem die Urteile vollstreckt worden sind, hat jedoch mehrmals gewechselt. Vielleicht hängt dies auch damit zusammen, dass niemand den Galgen oder den Scheiterhaufen in unmittelbarer Nähe seines Hauses haben wollte.

Der erste Standort wird 1531 genannt. Es ist der „Galgenpichl" unweit des Reinthaler (heute Reinthaler Kofel genannt). Er wird als der *Clausner gewondlich Richtstat* bezeichnet.
Offensichtlich verlegte man die Richtstätte wenig später auf die andere Eisackseite, und zwar zum Flussufer in der Nähe des heutigen Bahnhofs. Dort gab es am „Lendplatz" genügend Fläche, Holz aus dem Eisack zu lagern. 1533 wird verlangt, es müsse neben dem Holzlager noch Platz frei bleiben, *„damit die zum Schwert, Prannt und andere zum Todt verurthailte Personen daselbsten mögen hingerichtet werden"*.
Gegen Ende des 16. Jahrhunderts gibt es den nächsten Hinweis, die Übeltäter seien *„ain guette zeit heer anderswo"* hingerichtet worden. Es gilt als sicher, dass unter „anderswo" wieder der Galgenbichl beim Reinthaler zu verstehen ist.
Mit dem alten und neuen Standort war nun wieder der Reinthaler - Bauer nicht glücklich, vor allem, weil die Hinrichtungsstätte im Laufe der Zeit immer weiter herunter in die Nähe seines Hauses verlegt worden ist. Er setzte sich dagegen erfolgreich zur Wehr und erreichte eine neuerliche Verlegung auf die Spitze des Kofels.

15. August 1533
Blitzschlag und Brand auf Säben

Säben war immer von Blitzschlag bedroht. Besonders verheerend war der Einschlag von 1533. Dem ausbrechenden Brand fiel die bischöfliche Burg auf Säben fast zur Gänze zum Opfer. Im Volksmund betrachtete man dieses Ereignis als ein Gottesgericht, weil am Abend zuvor der Ort, der dem Gebet und der Sammlung gewidmet war, in einen Tanzsaal verwandelt worden war, obwohl den Anwesenden ein Kreuz als göttliche Mahnung vor Augen stand. Eine alte Inschrift, die einst in der Kreuzkirche angebracht war, berichtete darüber:

„Da man zelt 1535 (falsche Jahresangabe) *an des heiligen Cassianus nacht, zwischen ain und Zway Vhr, ist dieses Schloß von den Tonder Strall angezintet und verprennt worden aus Vrsachen wie man Vermaindt, daß man den tag zuvor in gepeth sal, alda zu ainem Warthzaichen noch ain Crucifix gesehen wird, getanzet hat".*

Es muss ein ziemlich ausgelassener Abend gewesen sein, denn die alte Inschrift berichtet nicht nur vom Tanzen, sondern auch von anderen weltlichen Freuden wie *Springen, Singen, Fressen, Sauffen, Spillen und Raffen.* Gott und seine Heiligen hatten daran *khain Wolgefallen, sondern ain grosses Misfallen* … (Gasser: Chronik der Freiw. Feuerwehr Klausen, 2001)

Nach dem Brand wurde bald mit den Aufräumarbeiten begonnen, als Residenz für den Burghauptmann kam Säben jedoch nicht mehr in Frage. Er verlegte seinen Sitz ins Schloss Branzoll. Als 1671 auch diese Burg ein Raub der Flammen wurde, erfolgte die Verlegung der Burghauptmannschaft in die Stadt, nämlich ins Neidegg'sche Haus, dem späteren Gerichtshaus.

Es ist erwähnenswert, dass der Titel „Burghauptmann auf Säben" nie zu einem „Hauptmann von Branzoll" umgeändert worden ist. Vielmehr ist ab 27. August 1543 von einem *„hauptman zu Clausen"* die Rede. (Rastner)

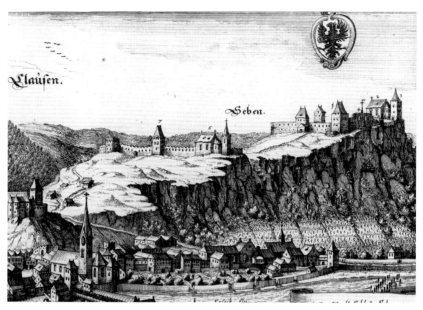

Durch Blitzschlag wurde die bischöfliche Burg auf Säben im Jahre 1533 eingeäschert.

Nacht vom 30. November auf den 1. Dezember 1535
Gefangennahme Hutters, Anführer der Wiedertäufer (Rastner, Louis Holzer: Jakob Hutter und die Hutterer, Verlag Oberdruck, Dölsach – Osttirol)

Die bekannteste Figur in Tirol im Zeitalter der Reformation ist ohne Zweifel Jakob Hutter. Er gründete die Glaubensgemeinschaft der Wiedertäufer, die nach ihm auch „Hutterer" genannt wurden. Die ethischen Grundlagen dieser Gemeinschaft sind bis zum heutigen Tage ein strikter Pazifismus, Toleranz und soziale Gerechtigkeit.

In Klausen wurde man bereits 1527 auf Hutter aufmerksam. Der weiter oben genannte Winkelprediger Wolfgang hatte ihn in seiner

Hutters Hinrichtung vor dem Goldenen Dachl in Innsbruck

Zeugenaussage genannt und belastet. In den folgenden Jahren treffen wir Hutter in Mähren, wo damals eine tolerantere Haltung gegenüber „Andersgläubigen" herrschte als dies in Tirol der Fall war. Hutter ermöglichte vielen seiner Glaubensanhänger die Flucht dorthin.

Wenige Jahre später kam es unter König Ferdinand auch in Mähren zu einer Verfolgung der Wiedertäufer. Hutter kehrte nun nach Tirol zurück (1535) und wurde in der Gegend um Klausen tätig.

In Brixen erregte dies natürlich Missfallen. Burghauptmann und Stadtrichter wurden aufgefordert, wachsam zu sein und sich ja keine Nachlässigkeiten bei der Verfolgung der Wiedertäufer zu leisten.

In der Nacht vom 30. 11. auf den 1. 12. 1535 wurde von Brixen aus eine Suchaktion nach Hutter angeordnet. Tatsächlich gelang es dem Klausner Stadtrichter, Jakob Hutter, seine Frau Katharina und zwei weitere Frauen im Gufidauner Gericht (jenseits der Eisackbrücke) gefangen zu nehmen. Sie wurden vorerst auf Schloss Branzoll geführt.

Dort erschienen die Richter von Brixen und Lüsen, Leonhard Mair am Kreuz und Hans Sergant, um Jakob Hutter und die drei Frauen zu verhören. Hutter wurde auf Befehl der Landesregierung am 9. Dezember mit der Begründung nach Innsbruck überführt, dass er kein gemeiner Gefangener, sondern ein Vorsteher sei, von dem viel zu erfahren wäre. Trotz schwerer Folterungen machte Hutter aber keine Aussagen und verriet keinen seiner Anhänger. Am 25. Februar 1536 wurde er vor dem Goldenen Dachl in Innsbruck am Scheiterhaufen verbrannt.

Seiner Frau Katharina und anderen Wiedertäuferinnen wurde in Gufidaun der Prozess gemacht. Da Katharina bei ihrer Gefangennahme schwanger war, wurden ihr bis zur Niederkunft Hafterleichterungen zugestanden. Da sie auch später nicht von der Lehre der Wiedertäufer Abstand nahm, wurde sie auf Schloss Schöneck bei Bruneck in einem Wassertrog ertränkt.

Die Geschichte über die Hutterer wäre nicht vollständig ohne einen

Hinweis auf das weitere Schicksal dieser Glaubensbewegung. Die Wiedertäufer wanderten von Mähren und Tirol nach Siebenbürgen aus, wurden dort von Kaiserin Maria Theresia erneut verfolgt, flüchteten weiter in die Ukraine und kamen schließlich 1874 nach Nordamerika. Heute leben in Kanada und in den Vereinigten Staaten etwa 40.000 „Hutterer".

Am 23. Februar 2007 kam eine Gruppe von Hutterern nach Südtirol und besuchte tief gerührt und betroffen die geschichtlichen Stätten in Klausen und in Gufidaun (Tageszeitung Dolomiten, 24. 2. 2007, wd).

31. Juli 1541
Ernennung eines Schulmeisters (Augschöll Blasbichler)

Von einer Schule in Klausen ist bereits im Stadtrecht von 1485 die Rede. Es ist anzunehmen, dass der Unterricht wie andernorts von der Geistlichkeit erteilt worden ist.
Ab dem 16. Jahrhundert hatte die Stadt selbst die Möglichkeit, einen Schulmeister zu ernennen. In diesem Zusammenhang wurde folgende Schulordnung beschlossen:

• Die Besoldung des Schulmeisters erfolgt viermal im Jahr, also pro Trimester einmal. 60 % davon übernimmt die Stadt, 40 % die Pfarre.
• Jeder Knabe, der in Latein und Gesang unterrichtet wird, hat selbst einen Gulden und 6 Kronen Schulgeld zu leisten.
• Um die Heizung der Räume zu gewährleisten, hat jeder Knabe während des Winters täglich ein Holzscheit zu bringen oder eine entsprechende Summe zu bezahlen.

- Weiters haben die Knaben gewisse festgelegte Summen für Licht und Kerzen zu bezahlen.
- Für Knaben über zwölf Jahren, die eine besondere Ausbildung wünschen, sollen die Eltern mit dem Schulmeister eine gebührende Entlohnung vereinbaren.
- Klausner Bürger sollten aus Gefälligkeit an jedem Abend für den Schulmeister eine Suppe in die Schule bringen.

1541
Der „Absage" - Brief des Karl Onophrius Hänigler (Rastner)

Mit welch eigenartigen Straftaten sich der Klausner Stadtrichter zu befassen hatte, geht aus der folgenden Prozessakte hervor. Die Straftat war ein so genannter „Absage-Brief". Darunter verstand man eine schwere, massive Drohung gegen jemanden. Eine solche hatte im Jahre 1541 Karl Onophrius Hänigler schriftlich ausgedrückt und der Stadtrichter hatte darüber zu befinden. Hier der genaue Sachverhalt: Hänigler stammte aus Innichen. 1541 war er erst 14 Jahre jung, trotzdem aber schon mit dem Gesetz in Konflikt geraten und eine Weile auf Heunfels (Gerichtssitz in Osttirol) gefangen gehalten worden. Er hielt sich zuletzt beim Schulmeister zu Klausen auf. Aus Brixen erging der Befehl an den Stadtrichter, den Übeltäter gefangen zu nehmen. Hänigler hatte ein Jahr zuvor seinem Onkel, dem Kanonikus Kaspar Rott zu Innichen, einen „Absagebrief" geschrieben, in dem die folgenden bedrohlichen Worte vorkommen: *„...Gott sei ein Eid geschworen, ich will ein Messer in euch umkehren oder deinen Kindern. Du Lotterpfaff, du bist ein Schelm...".*
Die aufgestaute Wut hat damit zu tun, dass Rott von Häniglers verstorbenem Vater beauftragt worden war, das Erbe aufzuteilen. Aber

weder Karl Onophrius noch seine Geschwister hatten etwas erhalten. Da der Angeklagte noch so jung war, ließ auch der Stadtrichter Gnade vor Recht walten. Nach einigen *„gütigen und peinlichen Verhören"* wurde Hänigler aus dem Gefängnis entlassen, obwohl er die persönliche Abbitte vor Rott ständig verweigert hatte. Er musste versprechen, *keinem, der mit seinem gerichtlichen Fall zu tun hatte, etwas nachzutragen und um Entschuldigung bitten, was er wegen seiner Jugend geschrieben habe.*

23. Dezember 1561
Strenge Bestrafung von aufständischen Bauern (Rastner)

Die Bauernunruhen in Tirol dauerten einige Jahrzehnte an. Als 1561 Balthasar Dosser aus Lüsen sich in der Umgebung von Klausen aufhielt und zum Aufstand aufrief, waltete der Stadtrichter seines Amtes.

Abends wurde Dosser zu Klausen im Wirtshaus zum „Hueber" ergriffen. Auf dem Weg in die Gefangenschaft riss er sich los und es gelang ihm zu entkommen. Er wurde aber bald wieder durch Stadtrichter, Stadtschreiber, Gerichtsdiener und andere Personen nördlich von Klausen am Eisack eingefangen.

Dosser selbst wurde tags darauf nach Brixen überstellt, während seine Frau *(die Dirn)*, die zugleich mit ihm gefangen worden war, zuerst in Klausen verhört und erst am 28. Dezember nach Brixen überführt wurde.

Dosser wurde in Brixen als *„Hauptrsrädlsführer von aufrührerischen Praktiken"* erkannt und nach Innsbruck überführt. Dort wurde er am 26. Februar 1562 auf offenem Platze vor dem Rathaus *„geviertheilt"*.

1567
Ermittlungen wegen Unterlassung von Amtshandlungen (Rastner)

Im Juni des Jahres 1567 beschuldigte der Brixner Hofrat den Klausner Stadtrichter Gregor Wolf der groben Fahrlässigkeit.

Der Tatbestand: Heinrich Wolfspach, ein Bauernknecht, habe das Sakrament (Eucharistie) gelästert. Als er sich jüngst wieder in Klausen aufhielt, hätte ihn der Stadtrichter nicht gefangen nehmen lassen. Gregor Wolf verteidigte sich und betonte, er hätte den Knecht sehr wohl gefangen genommen. Dieser wäre aber aus dem Gefängnis ausgebrochen.

Da man an dieser Argumentation zweifelte, wurde der Stadtrichter zur Untersuchung nach Brixen beordert und dort bis zur endgültigen Klärung des Sachverhaltes festgehalten. Der Hofrat schickte Wolfgang Klinger, den Brixner Stadtrichter, nach Klausen, damit er sich genauestens über die Vorfälle erkundigen konnte. Nachdem er festgestellt hatte, dass Heinrich Wolfspach tatsächlich aus dem Gefängnis ausgebrochen war, wurde der Stadtrichter aus der Hofburg entlassen.

6. Juli 1573
Ausbesserung der Eisackbrücke (Rastner)

Die Eisackbrücke verbindet Klausen mit Griesbruck. Während die Stadt unter bischöflich-stadtrichterlicher Verwaltung stand, bildete Griesbruck einen Teil des landesfürstlichen Gerichts Gufidaun. Zum besseren Verständnis sei darauf hingewiesen, dass es sich dabei nicht um die Ortschaft Gufidaun handelt, sondern um das ehemalige Gericht Gufidaun. Dieses umfasste alle Gebiete östlich des Eisacks von Albeins bis Waidbruck, also ganz Villnöss, Lajen, St. Ulrich und St.

Christina. Das Gericht Gufidaun zählte ein Vielfaches der 600 Einwohner im Stadtgericht Klausen.

Bei Arbeiten an der Brücke kam es jedes Mal zu Unstimmigkeiten, wer von den beiden Anrainern die Spesen zu tragen hätte. 1571 war es wieder einmal so weit. In Gufidaun war man bereit, einen Teil der Kosten zu tragen, jedoch keineswegs die Hälfte, so wie es die Klausner forderten. Da man sich nicht einigen konnte, wurde am 6. Juli 1573 eine Aussprache bei Thomas Jenner, dem *Wirt zu Klausen*, einberufen. Neben den Gufidaunern und den Klausnern waren auch Vertreter des Hochstiftes bzw. der Landesregierung anwesend. Es wurde beschlossen, dass Gufidaun bei den jetzt anstehenden Arbeiten ein Drittel, in Zukunft aber nur mehr ein Viertel der anfallenden Spesen zu übernehmen hätte.

An dieser Stelle führt die alte Holzbrücke vom Widum über den Eisack zum Brückenturm (Michael Ruppe, um 1900).

Die Klausner fühlten sich übervorteilt. Als einige Jahre später erneut Arbeiten anstanden, verlangte man von den Gufidaunern schon wieder mehr als das vorgeschriebene Viertel. Sollten sie damit nicht einverstanden sein, drohten die Klausner, die Brücke abzubauen und nur mehr einen schmalen Steg zu belassen, so wie es früher gewesen war. Dies würde den Gufidaunern viel mehr schaden als den Klausnern. Diesmal wurde die Kontroverse mit der Einführung einer „Brückensteuer" einvernehmlich gelöst.

Es bleibt zu bemerken, dass 300 Jahre später, als die neue Eisackbrücke gebaut wurde, ebenfalls eine Mautregelung bestand, bis das Kapital und die Zinsen zurückgezahlt waren (siehe 1881).

1596
Klage wegen zu hohen Steuerdruckes (Rastner)

Nicht erst in der Gegenwart werden Klagen wegen der hohen Steuern laut, sondern schon vor mehr als 400 Jahren gab es in Klausen diesbezüglich Proteste. Der Grund dafür war das Bergwerk. Als es florierte, wurden die Steuern kräftig erhöht, wahrscheinlich mit der Begründung, dass die Anwesenheit der vielen Bergknappen der städtischen Wirtschaft zum Vorteil gereichen (z. B. durch vermehrten Einkauf und Wirtshausbesuch). 1596 war das Bergwerk aber stark heruntergewirtschaftet und die Klausner stellten fest, dass statt der *zwei- oder dreitausend Knappen* nur mehr *zwei oder drei* beschäftigt waren.
Kardinal Andreas von Österreich, Fürstbischof von Brixen, begutachtete die Klagen der Stadt und ließ einige Steuererleichterungen einführen, jedoch nicht im geforderten Maße und auch erst mit einer Verspätung von 5 Jahren.

Überhaupt war die Obrigkeit beim Eintreiben von Steuergeldern recht erfinderisch. Ziemlich willkürlich wurden außerordentliche Steuern (Extraordinari – Steuern) berechnet, vor allem, wenn durch Kriege zusätzliche Mittel erforderlich waren. So gab es eine eigene Türkensteuer (Türkenhilfe) und im Dreißigjährigen Krieg eine eigene „Personal-Kriegskontribution".

1626 wurde eine Weinsteuer eingeführt. Es handelte sich um eine Abgabe für jede ausgeschenkte Yhre*) Wein oder Branntwein. Zur Kontrolle wurden zwei „Weinbeschreiber" bestellt, die gemeinsam mit dem Stadtrichter und dem Stadtschreiber die Keller der Wirte und anderer Personen, die Wein aufschenkten, zu „visitieren" hatten. Aufgrund dieser Kontrollen wurde dann die Weinsteuer eingehoben.

100 Jahre später gab es einen weiteren Grund, über die starke Steuerbelastung zu lamentieren. (Stifter)

Der Tatbestand war folgender: Die Klausner Bäcker hatten immer das Recht besessen, ihr Brot im landesfürstlichen Gericht Villanders zu verkaufen. Die dortigen Bäcker hatten dagegen nichts einzuwenden, da ihnen selbst der Absatzmarkt am Ritten offen stand. Damit war Schluss, als im Jahre 1699 die Kollmanner Bäcker das Verkaufsrecht am Ritten beanspruchten. Im Gegenzug machten die Villanderer Bäcker ihr Gebiet für das Klausner Brot dicht.

Die Bäcker der Stadt intervenierten beim Fürstbischof, damit dieser das Verkaufsverbot in Villanders aufhebe. Er hatte für die Klagen der Bäcker ein offenes Ohr und wandte sich sogar an die Landesregierung in Innsbruck, um die Wünsche der Klausner wie folgt zu begründen:

„Klausen ist ein kleines an der Landstraße gelegenes Städtchen, das sehr

---

*) Eine Yhre war ein Südtiroler Weinmaß. Es gab eine Bozner, Meraner, Kalterer und eine Klausner Yhre. Der Inhalt einer Yhre liegt zwischen 56 und 78 l Wein.

viele Bürden zu tragen hat. Vor allem die Durchzüge von Soldaten belasten Klausen sehr. Da der Stadt durch die Nachbargerichte die Gewerbegrund-lagen entzogen werden, ist sie in einem so schlechten Stand, dass ich mir Sorgen mache, ob man in Zukunft die hohen Extra – Steuern wird bezahlen können. Dies um so mehr, da ein großer Teil der Steuern vom Gewerbe aufgebracht wird."

Die Intervention in Innsbruck blieb ohne Erfolg. Zwei Jahre später schickte der Fürstbischof in dieser Angelegenheit einen Abgesandten bis zum kaiserlichen Hof nach Wien. Dort wurden die Forderungen der Klausner Bäcker zumindest teilweise erfüllt.

1599
Hochzeitsordnung für die Gastwirte (Rastner)

Auch für die Klausner Gastwirte gab es eine eigene Ordnung. So wurde im Sinne der öffentlichen Sicherheit 1550 unter Strafe festgelegt, dass sich kein Bürger, Knappe, Geselle oder Bauer im Winter länger als bis acht Uhr, im Sommer bis zehn Uhr abends im Gasthaus aufhalten dürfe. Frauen sind vom Wirtshausbesuch gänzlich auszuschließen, ausgenommen fremde und durchreisende Personen. Wirte, die die Anstifter eines „Rumors" nicht sofort beim Stadtrichter zur Anzeige brachten, hatten mit strengen Strafen zu rechnen.
Der Bärenwirt hatte an einem Faschingstag zu lange Spielleute und Maskierte in seinem Lokal geduldet. Dabei sei es zu „Saufereien" gekommen. Der Wirt wurde mit vier Dukaten Geldstrafe und drei Tage Arrest bestraft. (Stifter)

Sehr restriktiv erscheint die Hochzeitsordnung aus dem Jahre 1599, die man von Brixen aus vorschrieb. Damit sollten unnütze Ausgaben und ein allzu großer Verbrauch an Nahrungsmitteln vermieden werden.

Die Zahl der Gäste wurde beschränkt. Ein „Vermögender" darf nicht mehr als fünf Tische reservieren lassen, ein „Mittelmäßiger" nur vier und ein „Gewöhnlicher" gar nur drei Tische. Das Hochzeitsmahl darf nicht mehr als acht Gänge umfassen, einer davon darf ein Fischgericht sein. Die Preise für ein Hochzeitsmahl samt gutem Landwein sind personenbezogen zu berechnen. Für eine Mannsperson kann es 24 Kronen kosten, für eine Frau nicht mehr als 20 und für eine „Jungfrau" gar nur 16 Kronen.

5. September 1609
Klausen erhält ein eigenes Stadtgerichts- und Rathaus (Rastner)

Bereits im Jahre 1606 wurde der bischöfliche Hofrat in Brixen ersucht, ein Haus als Sitz für die Klausner Stadtgerichtsbarkeit anzukaufen. Drei Jahre später gab es einen neuerlichen Antrag des Stadtrichters, des Bürgermeisters und des Ausschusses, man möge ihnen *„eine behausung zu ainem Gerichts- und Ratshaus"* kaufen.

Fürstbischof Christoph Andrä stellte darauf 500 Gulden zum Ankauf des Hauses „Zum Hirschen" in der Oberstadt bereit und schenkte es den Klausnern als Gerichts- und Rathaus (heute Oberstadt Nr. 25). Ab 1610 musste sich der Stadtrichter verpflichten, in diesem Hause zu wohnen. Im Haus gab es ferner einen Raum für Ratssitzungen sowie Schulräume samt Wohnung für den Schulmeister. Als Rathaus war dieses Gebäude bis zum Jahre 1913 in Verwendung.

Das ehemalige Gerichts- und Rathaus in der Oberstadt. Die Haustür zeigt die beiden Wappen von Brixen und Klausen.

7. Juli 1618
Einsetzung des Stadtrichters Gabriel Reiter (Rastner)

Sobald der Fürstbischof nach dem Ableben oder nach der Absetzung eines Stadtrichters einen neuen ernannte, wurde dieser der Bevölkerung im Rahmen einer Bürgerversammlung vorgestellt. Dabei wurde eine Kundmachung verlesen (Beispiel von 1618).

Der Fürstbischof Karl entbietet allen Untertanen im Stadtgericht Klausen seine Gnade und gibt bekannt, dass nach dem Ableben des Stadtrichters ein neuer in der Person des Gabriel Reiter bestellt worden sei. Es ist seine Aufgabe, allen, ob reich oder arm, ein gleiches göttliches und billiges Gericht und Recht zukommen zu lassen. Gleichfalls wurde den Klausnern ernstlich und willentlich befohlen, den neuen Stadtrichter als Obrigkeit anzuerkennen und ihm gehorsam zu sein, wie es sich gebührt.
Geben in Unserer Stadt Brixen den 7. Tag Monats Juli Anni 1618.

9. Juni 1625
Die Bischofshuldigung (Rastner)

Noch feierlicher und aufwändiger ging es bei der Einsetzung eines neuen Fürstbischofs zu. Alle männlichen Untertanen des Hochstiftes Brixen ab einem Alter von 16 Jahren mussten ihm *„huldigen"*. Meist begab sich der Bischof zu diesem Zwecke persönlich in die einzelnen Gerichte des Hochstifts, manchmal schickte er Vertreter, die die Huldigung an seiner Stelle entgegennahmen. Eine Bischofshuldigung bedurfte einer großen Organisation, für die in Klausen der Burghauptmann von Säben und der Stadtrichter verantwortlich waren.

So wurde zum Beispiel Fürstbischof Hieronymus Otto Agricola im Jahre 1625 „gehuldigt".

Der Bischof war um sechs Uhr morgens mit Hofräten, Adeligen und Dienern in einem Konvoi mit 25 Pferden gegen Klausen aufgebrochen. Stadtrichter, Bürgermeister, Stadtschreiber und Räte zogen ihm vor die Stadt entgegen und begleiteten ihn mit Prozession und Fahnen in die Stadt. Vor der Pfarrkirche stieg der Bischof aus der Sänfte und begab sich in die Kirche, um einer Messe beizuwohnen.

Anschließend begab er sich ins Teutenhoferische Haus und setzte sich auf einen Sessel. Nun erschien die Bürgerschaft und die „Gemain" der Stadt Klausen, so auch jene von Latzfons, Verdings und dem Burgfrieden Pardell.

Der Stadtschreiber wünschte Seiner Gnaden viel Glück, legte den Eid ab und begab sich wieder von dannen. Anschließend begab man sich in das Widum zum Mittagessen (Es handelt sich um das heutige Rathaus). *Es war das einzige Haus, das genügend Sitzmöglichkeiten bot.*

Das Essen kam aber vom nahen Wirtshaus zum Jenner (Es ist nicht der Bär, sondern das Lamm, wo Christoph Jenner der Jüngste damals Gastwirt war).

Die gewöhnlichen Diener aßen dort, mit dem Bischof speisten Stadtrichter, Bürgermeister und Rat. Als Geschenk wurde dem Bischof ein silberner, vergoldeter Becher gemacht, der während des Essens die Runde gegangen ist. Der Bischof und sein Gefolge wurden natürlich kostfrei gehalten.

13. Juli 1630
Maßnahmen gegen die Ausbreitung der Pest (Pernthaler)

Im 17. Jahrhundert wütete in weiten Teilen Europas die Pest. Um die Ausbreitung der Seuche zu verringern bzw. zu verhindern, traf die Stadtobrigkeit verschiedene Maßnahmen.

Schon Anfang Juli 1630 haben die Räte und fürstlichen Statthalter zu Brixen dem Klausner Stadtrichter eine Liste der infizierten Orte zukommen lassen. Personen aus diesen oder anderen unbekannten Orten durften die Stadt nicht mehr betreten. Nur Leute aus *„frischen, guten, gesunden"* Orten durften beherbergt werden.

Der Stadtrat von Klausen gab die erwähnte Liste an die Gastwirte weiter und verpflichtete diese, ein wachsames Auge zu haben. Sollte eine *„Verdächtigkeit"* auftreten, war dies sofort dem Stadtrichter zu melden.

Der Klausner Stadtrat traf im Laufe der nächsten Monate weitere Bestimmungen.

- Die Pest ist als Strafe Gottes anzusehen. Dagegen hilft in erster Linie christliches Gebet. Über vier Sonntage nacheinander wird ein 40stündiges Gebet abgehalten und mindestens einmal pro Woche eine Prozession.
- Sollte die Pest trotzdem ausbrechen, werden Doktor und Apotheker dagegen machtlos sein. Den Erkrankten ist geistliche Hilfe zu gewähren, die anwesenden Bader sollen auch *„unverweigert dienen"* und *„sich gebrauchen lassen"*. Von Brixen erwartet man sich die Lieferung von Arzneien.
- Es ist unerlässlich, Wächter an den Stadteingängen zu postieren. Sie haben die Pflicht niemanden durchzulassen, es sei denn, jemand besäße eine ausdrückliche Urkunde der Stadtgerichtsobrigkeit. Die Nachbargerichte Gufidaun und Villanders sollten ebenfalls Wächter postieren, um Personen anzuhalten und zurückzuweisen, die den städtischen Wachdienst umgehen möchten.
- Die Zusatzspesen für die Bezahlung der Wächter sollten vom Weinaufschlaggeld beglichen werden, so wie das in Brixen bereits gehandhabt wurde. Der Fürstbischof bewilligte den Klausnern 100 Gulden, um die Wächter zu bezahlen.

Pestbildstock beim Ansitz Rechegg auf der Frag

- Ein besonderes Problem ist das arme Volk (fremde Bettler und Landstreicher), das von Brixen herab- und von Bozen nach Klausen heraufkommt. Es verursacht Unkosten und stellt eine große Ansteckungsgefahr dar. Mit den Nachbarstädten muss verhandelt werden, um diese Art von Reisebewegungen einzuschränken.
- Der Vorschlag, die Straße vollständig zu sperren, wird schnell fallen gelassen, da eine derartige Verordnung allen einen *„verderblichen Schaden"* zufügen könnte, unabhängig davon, welchem Stand die Bewohner angehören.
- Gassen und Häuser in Klausen sind peinlichst sauber zu halten, andernfalls gibt es strenge Strafen. Bei der regelmäßigen Beschau der Feuerstätten wird auch dies kontrolliert.
- In den Häusern sollen alle Räume am besten mehrmals täglich mit Wacholderholz und -beeren ausgeräuchert werden.
- 2 Personen werden beauftragt, erkrankte Personen aufzulisten. Bestätigt sich der Verdacht auf eine Pestinfektion, müssen diese Leute von Bader und Arzt untersucht und in einem Lazarett abgesondert werden. Dabei soll kein großes Aufsehen erregt werden.

Gegen Ende des Jahres 1630 nahm die Pestgefahr weiter zu. Als Vorbeugung wurden vor allem die Maßnahmen im religiösen Bereich intensiviert. Nach dem Sonntagsgottesdienst sollte man bis zehn Uhr in der Kirche im Gebet verharren. Der Mittwoch wurde als zweiter Fasttag eingeführt, am Donnerstag ein Fronleichnamsamt abgehalten (wahrscheinlich handelte es sich um eine festliche Messe bei ausgesetztem Allerheiligsten), am Freitag machte man eine Prozession nach Säben, an der pro Familie ein bis zwei Personen teilzunehmen hatten, am Samstag wurde in der Pfarrkirche eine Litanei gebetet und dazu die großen Glocke geläutet. Weiters sollten die Klausner nach ihrem Vermögen Almosen geben.

Im Zusammenhang mit den Maßnahmen zur Eindämmung der Pest gibt es in der Pernthaler – Chronik noch zwei interessante Bemerkungen. In einem Fall hatte die bischöfliche Regierung in Brixen erfahren, dass einer der Wächter in Klausen bestechlich sei und Trinkgeld angenommen habe. Der Klausner Stadtrat wies dies entrüstet zurück und verlangte Beweise für derartige Behauptungen.

Im zweiten Fall ersuchte man im Jänner 1631, die Stadtwächter entlassen zu können. Sie kosteten viel Geld und die gewährten 100 Gulden wären nahezu aufgebraucht. Das wichtigste Argument für die Entlassung der Wächter war aber der schneereiche Winter. Nach Angaben der Stadtobrigkeit lag der Schnee so hoch, dass es gar nicht möglich war, den Klausner Wachdienst zu umgehen. Ein Fortkommen war nur auf der Straße möglich. Diese würde aber bereits in Bozen, Hall, Innsbruck und Lueg kontrolliert, so dass man sich die stadteigenen Wächter in Klausen sparen könnte.

Während die Pest im Frühjahr 1631 soweit überwunden schien, dass man die Wächter endgültig entlassen konnte, trat die Seuche 1635 trotz neuerlicher Vorsichtsmaßnahmen wieder auf. Die Opfer wurden in den Gärten entlang des Eisackufers bestattet. Noch 1637 verbot der Stadtrat bei strenger Strafe am Pranger und bei Ausweisung aus der Stadt, in diese Gärten zu gehen und dort zu arbeiten. Gleich gestraft sollten auch jene werden, die Bett-, Leinen- und Samtzeug aus Gröden, Villanders und anderen infizierten Orten kauften oder annahmen.

Generell blieb die Opferzahl der Pestseuche in Klausen eher gering. Die Bürgerschaft soll zum Dank dafür die Liebfrauenkirche in Säben erbaut haben.

In den Gärten entlang des Eisacks wurden Pestopfer begraben.
Foto aus dem Jahre 1895.

3. September 1638
Beschluss des Stadtrates über die Feuerordnung (Rastner, Gasser)

In einer Stadt wie Klausen waren Feuersbrünste eine überaus ernst zu nehmende Gefahr. Eine Feuerwehr im heutigen Sinne gab es in der Vergangenheit nicht. Die Bekämpfung eines Brandes war Aufgabe <u>aller</u> Stadtbewohner, vor allem der Handwerker, die häufig über geeignetes Werkzeug in Form von Leitern, Äxten, Bottichen und Kübeln verfügten. Darüber hinaus gab es einfache Löschgeräte (Feuerleitern und Haken), die oberhalb der Gruftkapelle verwahrt wurden.

Um Brände wirksam zu bekämpfen oder um sie zu vermeiden, verordnete der Stadtrat am 3. September 1638 eine Reihe von Maßnahmen. Diese wurden wenige Tage später bei einer Bürgerversammlung bekannt gegeben und alle wurden angehalten, sich strengstens daran zu halten.

- Jeder ist verpflichtet, im Brandfalle Hilfe zu leisten.
- Im Brandfalle haben der Wächter oder jemand anderer durch Geschrei Alarm zu geben.
- Das Gerätemagazin oberhalb der Gruftkapelle ist unbequem und soll geräumt werden. Löschgeräte sollen vielmehr an strategisch wichtigen Punkten deponiert werden (Rathaus, Feuergassen, Fleischbank u.a.)
- Maurer, Zimmerleute, Schmiede und Müller sollen Leitern und Haken holen, sie zum Feuerherd bringen und dort nach Anordnung von Stadtrichter, Bürgermeister oder Ratsbürger einsetzen.
- Bäcker, Gerber und Schuster sollen die Feuerkübel im Rathaus und die Spritzen beim Christoph Jenner holen und zum Feuerherd tragen.
- Alle anderen, vor allem auch die Frauen, sollen eilfertig Wasser tragen.

- Nachbarn sollen am gemeinsamen Dach einen Bottich oder eine Wanne aufstellen, um im Notfalle Wasser zur Verfügung zu haben.

Die folgenden Bestimmungen sollten verhindern, dass es zum Ausbruch eines Schadenfeuers kam.

- Es ist bei Strafe verboten, mit Kienfackeln im Haus und außerhalb herumzugehen.
- Genau so gefährlich sind Wachskerzen und andere Lichter, die nicht an Wänden und Bänken fest angebracht sind.
- Kohle- und Aschenreste müssen gänzlich erloschen sein.
- Unter dem Dach sind weder Holz noch *„Schab"* noch *Scheiter* zu lagern.
- Die wirksamste Maßnahme zur Brandverhütung war die Bestellung von vier Nachtwächtern. Zwei sollten jeweils Dienst versehen, um Mitternacht sollte der Wechsel erfolgen. Die Nachtwächter hatten ihren Dienst *fleißigst und nüchtern* zu versehen und an sieben Orten die jeweilige Stunde auszurufen. Zu ihren Aufgaben gehörte es auch, *Diebstähle oder andere Ungebühren* zu verhindern bzw. der Obrigkeit unverzüglich zu melden, vor allem aber hatten sie *auf das Feuer fleißigst Acht zu geben.* Ihre Runde durch die Stadt war genauestens vorgegeben: Tinneplatz, Färbergasse, über die Brücke zum Andreasplatz und wieder zurück, Pfarrplatz, Oberstadt, vom Zollhaus hinauf zum Schloss Branzoll und durch die Feuergasse zurück auf den Pfarrplatz.
- Auch der Lohn der Nachtwächter wurde festgelegt. Dabei musste mit den *Herren von Gries Prugg* verhandelt werden. Sie erklärten sich bereit, einen Teil des Lohnes zu übernehmen, da die Nachtwächter auch über die Eisackbrücke gingen, um dort die Stunden auszurufen.

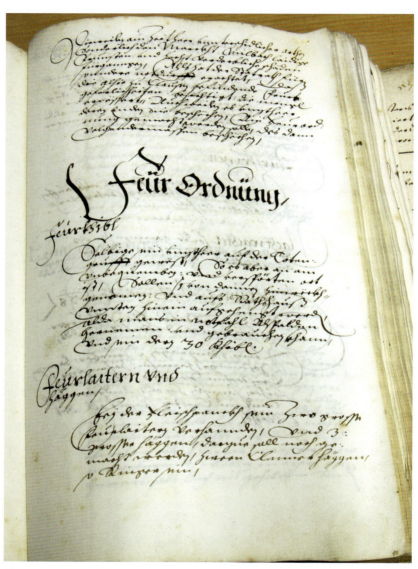

Feuerordnung von 1638

Der Klausner Nachtwächter um 1906 am Säbener Aufgang

- Als weitere vorbeugende Maßnahme wurden viermal pro Jahr in Klausen, in Latzfons und Verdings die Kamine gekehrt. Eine dieser vier Säuberungen hatte der Brixner Rauchfangkehrer vorzunehmen.
- 1644 wurde ein Zusatz zu diesen Verordnungen festgelegt. Alle Häuser, sowohl die der Bürger und Inwohner, als auch die der Adeligen, müssen visitiert und nach möglichen Brandherden untersucht werden. An dieser Visitierung, die quatemberlich (= alle drei Monate) vorgenommen wurde, nahmen neben dem Stadtrichter der Bürgermeister, zwei Männer aus dem Stadtrat und die vier Viertelmeister teil.

Eine weitere wichtige Rolle bei der Brandbekämpfung spielten die so genannten „Feuergassen", ein urbanistisches Element, das für mittelalterliche Städte typisch ist. Es handelt sich um schmale Durchgänge zwischen einzelnen Häusern. Klausen hatte ursprünglich vier solche Gassen, von denen heute aber nur mehr zwei begehbar sind: der Durchgang unter dem ehemaligen Armenspital von der Färber- in die Mühlgasse und die Tränkgasse von der Oberstadt zum Eisack. Verschwunden sind die Feuergassen vom Pfarrplatz (zwischen Pancheri und Spanglerhaus) zum Schloss Branzoll und eine weitere von der Oberstadt zum Eisack (heute im Gasthof Vogelweide integriert).

Im Falle eines Brandes garantierten diese Feuergassen nicht nur einen ungehinderten Zugang für die Löschmannschaft, sondern verkürzten auch die Entfernung für die Wasserzubringer wesentlich. In der Zeit, wo Menschenketten das Wasser mit Eimern herbeischaffen mussten, war dies von entscheidender Bedeutung.

Die Feuergasse durch die Vogelweide ist allerdings auch zur Müllablagerung zweckentfremdet worden. Im Jahre 1773 beschwerten sich die Nachbarn, dass *sich dort, wo die Stadt ihre Feuerleitern hinterlegt, derart viel Morast (Unrat) befindet, dass man im Notfalle nicht einmal mehr zu den Leitern hinkommt.* Der Stadtrat bezeichnete diese Schlamperei als *schädlichen Unfug* und drohte mit harten Strafen.

Die schmale Tränkgasse von der Oberstadt zum Eisack diente im Brandfalle der Wasserversorgung.

Trotz dieser Regelungen brachen in der Zeit um 1600 immer wieder Brände aus. Brandursache war einmal ein zündelndes Kind, eine anderes Mal eine kleine Explosion von Schwarzpulver und ein drittes Mal die unter dem Dach gelagerte glühende Kohle. Die schlimmste Brandkatastrophe ihrer Geschichte erlebte die Stadt im Jahre 1706 (siehe dort).

Diese Brandschutzbestimmungen von 1638 blieben fast 200 Jahre lang in Kraft. Erst im Jahre 1835 gab es eine Anpassung an die neue Zeit, weil inzwischen auch die Geräte einem neuen technischen Standard entsprachen. Es fällt aber auf, dass man viele Bestimmungen von 1638 nahezu unverändert übernommen hat. Die größte Effizienz erhielt die Brandbekämpfung mit der Gründung der Freiwilligen Feuerwehr im Jahre 1876.

1639
Einquartierung von durchziehenden Soldaten und Landsknechten
(Rastner)

Nicht alle Durchreisenden waren in Klausen willkommen. Manchmal waren auf der Straße auch Wegelagerer, Plünderer und anderes Gesindel unterwegs. Ein ganz besonderes Problem stellten durchziehende Soldaten auf dem Weg zu den verschiedenen Kriegsschauplätzen dar.

1639 beklagten sich die Klausner Wirte über das schlechte Benehmen der einquartierten Soldaten. Hauptmann Georg Jakob Opser führte sich auf, als ob er der Herr der Stadt wäre. Die Wirte mussten Wein bereitstellen, ohne dass er gezahlt wurde, sie wurden überdies beschimpft und bedroht. Bei Christoph Jenner im Bären sei der Hauptmann mit seinem Pferd sogar in die Gaststube hinein geritten.

Die Klagen der Klausner kamen bis nach Brixen. Ein zuständiger Beamter wurde entsandt, um die Lage vor Ort zu erkunden. Tatsächlich gelang es ihm, den Hauptmann und die Soldaten zu einem korrekten Verhalten zu bewegen. Die Quartiere wurden bezahlt und die angerichteten Schäden ersetzt.

Nicht immer waren nur die Soldaten Anlass zu Klage und Beschwerde. In einem Fall beschwerten sich die einquartierten Truppen darüber, dass die Klausner Wirte sehr kleine Portionen servierten und die Soldaten schlecht behandelten und beschimpften.

12. Mai 1644
Klagen über das Privatleben des Stadtrichters (Stifter)

Von der Möglichkeit, sich beim Brixner Hofrat über einen Stadtrichter zu beschweren, haben die Klausner öfters Gebrauch gemacht, meist jedoch mit geringem Erfolg.

Die Klagen von 1644 beruhten auf reinen Gerüchten. In Brixen hatte man vernommen, Stadtrichter Wolfgang Christoph Huls führe einen schlechten Lebenswandel. Man schickte eine Kommission nach Klausen. Diese stellte fest, dass die Klagen zu Recht bestanden. Huls wurde aufgefordert, von seinem *„fortwährenden üblen Wandel"* abzulassen, um nicht Ärgernis zu erwecken.

Sieben Jahre später wird ein neues Gerücht in die Welt gesetzt: Hüls habe neben seiner Frau noch eine Dienstmagd als *„concubina"* und ein Kind von ihr. Dieses Mal wurde der Klausner Zollgegenschreiber beauftragt, den Stadtrichter zu beschatten, erwartungsgemäß wieder mit positivem Erfolg. Diese Affäre endete aber nur mit einer verordneten Entlassung der Dienstmagd.

15. Juli 1671
Branzoll wird von einem Brand zerstört (Stifter)

Am 15. Juli 1671 zwischen ein und zwei Uhr wurde die Burg Branzoll ein Raub der Flammen.

Damals residierte in Branzoll der Burghauptmann Thomas von Crosin. Er war nicht sonderlich beliebt und seine Amtsführung gab immer wieder Anlass zur Klage. Die Wirte beschwerten sich, dass Crosin Wein ausschenke, ohne dafür Steuern zu bezahlen, der Stadtrat stellte fest, dass Steuern für ein von Crosin gemietetes Haus in der Stadt ausständig waren, die zinspflichtigen Bauern in Verdings und Latzfons beklagten sich über willkürliche Erhöhung der Gebühren und darüber, dass sie von Crosin schlecht behandelt würden.

Die Brandkatastrophe soll sich folgendermaßen abgespielt haben. Crosin ging kurz vor Mitternacht ins „Archivstübele", um sich umzukleiden, und legte sich anschließend zur Ruhe. Gegen ein Uhr nachts begab sich eine Amme zu einem weinenden Kleinkind und bemerkte im Archivstübele Feuer. Sie weckte die anderen Mägde und sie versuchten, das Feuer zu löschen.

Sie hatten gerade Wasser geholt, als Crosin auftauchte und sich weigerte, ihnen das Stübele aufzusperren, da sie allein doch nichts ausrichten würden. Stattdessen schickte er die Mägde und andere Dienstboten in die Stadt, um Hilfe zu holen.

Nachdem der Pfarrmesner die Stadtbevölkerung mit der Feuerglocke alarmiert hatte, eilten viele Klausner zum Schlosse, um zu helfen. Inzwischen hatte sich das Feuer aber schon derart über das ganze Dach ausgebreitet, dass an ein Löschen gar nicht mehr zu denken war. Das Feuer bedrohte sogar die darunter liegende Stadt. Um diese vor Schaden zu bewahren, eilten die Helfer schnellstens wieder nach Klausen hinunter.

Tatsächlich hatte der Brand auch die Stadt in große Gefahr gebracht. Ein Haus auf der Frag hatte bereits Feuer gefangen. Gott sei Dank

Klausen mit der Ruine von Schloss Branzoll

begann es zu regnen, andernfalls *„hätte keine Möglichkeit bestanden, die Stadt vor herab fallenden Feuerflammen zu retten"* (aus dem Bericht des Stadtschreibers). Die Gefahr hielt mehrere Tage an, so dass drei Tage lang Feuerwachen aufgestellt werden mussten. Als Dank dafür, dass die Stadt gerettet worden war, beschloss der Klausner Stadtrat am 18. Juli zu einem allgemeinen Gebet aufzurufen und dem hl. Florian zu Ehren eine Prozession abzuhalten.

Nach dem Brande schickte der Fürstbischof eine Untersuchungs-kommission nach Klausen. Diese befragte das Personal und kam zum Schluss, dass Crosin selbst für den Brand und die Zerstörung der Burg verantwortlich war. Er war der letzte, der sich im Archivstübele auf-gehalten hatte. Crosin hingegen rechtfertigte sich und gab an, sein Küchenpersonal habe den Brand verursacht und auch die Klausner hätten nicht geholfen, sondern nur auf ihre Stadt geschaut.

Es dauerte eineinhalb Jahre, bis man ihn zu einer Schadenersatz-zahlung von 1.000 Gulden verurteilte, zahlbar in Jahresraten zu je 50 Gulden. Von diesem Geld sollten auch die Klausner etwas abbe-kommen. Viele Raten wird Crosin jedoch nicht bezahlt haben, da er bereits 1675 verstarb.

Knapp eine Woche nach dem Brand begann man auf Branzoll mit den Aufräumarbeiten. Zu einem Wiederaufbau kam es aber nicht. Die Ruine verfiel zusehends und stellte eine nicht zu unterschätzende Ge-fahr für Klausen dar. Immer wieder fielen Steine und Ziegel auf die Dächer der Häuser in der Unterstadt.

Der prekäre Zustand der Burgruine bereitete den Klausnern noch lange Zeit Sorgen, besonders als man sie im Jahre 1874 vom Brixner Bischof zum Geschenk bekam.

Die Burgenromantik des ausgehenden 19. Jahrhunderts führte schließ-lich zum Kauf und zum Wiederaufbau von Branzoll durch den Bur-genforscher Otto Piper (siehe 1880).

4. Jänner 1680
Genehmigung einer Bettlerordnung (Stifter)

Die Zahl der Bettler und Armen war so groß, dass sich die Stadtobrigkeit gezwungen sah, eigene Bettler – Abzeichen anfertigen zu lassen.

- Zur Einführung der neuen Bettlerordnung sollen alle Armen, die in Klausen leben, an einem bestimmten Tag an einem festgesetzten Ort erscheinen. Dort werden dann jene von ihnen, die als unterstützungswürdig befunden wurden, ausgewählt und gekennzeichnet. Sie sollen *„gwise viereggete messinge zaichen mit darauf geschlagnen Stadtwappele"* und einen Ausweis (*Polize* genannt) erhalten. Sowohl das Abzeichen als auch der Ausweis müssen den Namen und das Alter der betreffenden Person sowie das Ausstellungsdatum tragen. Diese beiden Kennzeichen sollen die Bettler gut sichtbar auf der linken Brustseite tragen.
- Diejenigen armen Leute, die nicht Almosen sammeln dürfen, sind bei Almosenausteilungen in der Pfarrkirche zugelassen. Sie sollen nur eine Polize erhalten.
- Jene Armen, die zu krank sind, um sich selbst die Almosen zu holen, sollen Spenden aus einem Armenfond erhalten.
- Personen, die arbeitsfähig sind oder etwas Geld haben, wird das Betteln verboten.
- Damit es nicht zu verbotenem Betteln in der Stadt kommt, wird der Stadtgerichtsdiener beauftragt, die Bettelnden zu kontrollieren. Für diese Aufgabe soll er eine Besoldung vom Spitaleinkommen erhalten.
- Da festgesetzt wurde, dass jeder Ort seine Bettler selbst erhalten soll, muss der Stadtgerichtsdiener auch darauf achten, dass keine fremden Bettler (außer die Latzfonser und Verdingser) nach Klausen kommen und, dass die Klausner Bettler in der Stadt bleiben.
- Die Austeilung der „blechenen" Zeichen soll durch den Pfarrer, den Stadtrichter, den Kirchenprobst und zwei Stadträte geschehen.

- Um diese neue Ordnung bald in Kraft zu setzen, sollen 300 bis 400 blecherne Zeichen angefertigt und Polizen ausgestellt werden.
- In „vornehmeren" Wirtshäusern sollen Büchsen aufgestellt werden, in denen für die Armen gesammelt wird. Der Inhalt der Büchse soll „quatemberlich" (= alle drei Monate) durch den Bürgermeister und den Stadtschreiber visitiert und an die Hausarmen verteilt werden.
- Die in Klausen durchreisenden armen Pilger und Geistlichen dürfen sich – wenn ihnen der Stadtrichter die Erlaubnis hierzu erteilt hat – für einige Tage im Spital aufhalten, wo sie auch die nötige Verpflegung erhalten sollen. Auch Almosen sollen ihnen gegeben werden.
- Die Almosenempfänger sollen fleißig die Messe besuchen und für jene, die das Almosen stiften, beten. Sonst können ihnen die Spenden entzogen werden.
- Schließlich sollen die Armen noch ermahnt werden, einen guten Lebenswandel zu führen, öfter zur Beichte und zur Kommunion zu gehen und ihre Kinder zum Besuch der *„Kinderlehre"* anzuhalten.

1686
Säben wird Kloster. (Säben, Geschichts- und Kunstführer des Autors, Stifter)

150 Jahre nach dem verheerenden Brand begann auf Initiative des Hochw. Matthias Jenner der Wiederaufbau Säbens. Matthias entstammte der reichen Familie Jenner, die es in Klausen zu hohem Ansehen und wirtschaftlichem Wohlstand gebracht hatte. Beim Bärenwirt erblickte er im Jahre 1630 das Licht der Welt. 1656 wurde er zum Priester geweiht und 1677 wurde er Spitals- und Pfarrherr in Klausen. Damit konnte er seine Lieblingsidee, Säben wieder aufzubauen und als Kloster einzurichten, verwirklichen.

Die ersten fünf Nonnen kamen aus dem Kloster Nonnberg in Salzburg. Am 27. Februar 1685 bestiegen sie zum ersten Male den Säbener Berg. Um 6 Uhr morgens *„seindt die gueten frauen den hochen Perg frelich* (fröhlich) *angestiegen, den weeg mer geloffen als gangen, durch lauter weingarten, da ihnen frische Pomeranzenplie* (Pomeranzenblüten) *und plaue Feilen* (Veilchen) *presentiert worden".* Und eine der fünf, Agnes Zeiller, schrieb noch am selben Tag an ihre Nonnberger Äbtissin: *„Ach, mein herzallerliebste, gnädige Frau Muetter, was ist und wird dies nit für ein Kloster werden, es ist gewiß ein irdisch Paradeis".*

Am 18. November 1686 wurde Frau Agnes Zeiller zur ersten Priorin bestellt. 13 Jahre später wurde das Kloster zur Abtei erhoben und die Priorin zur Äbtissin. Dieses Ereignis konnte Matthias Jenner nicht mehr erleben. Er war mit seinen Kräften am Ende und verstarb am 30. März 1691 in Klausen.

In Klausen reagierte man nicht gerade begeistert auf die Klostergründung. Von Fest- und Feierlichkeiten, wie sie 15 Jahre später bei den Kapuzinern auf der Frag abgehalten wurden, war im Falle Säben keine Rede. Im Gegenteil, die Stadt musste bei der Klostergründung sogar aufgefordert werden, den Klosterfrauen *„alle gebirente Ehrerbietlichkeit"* und alle *„gute nachbarschafft"* zu *„offerieren".*

Die Nachbarschaft führte schon bald zu Differenzen. 1757 wandte sich die Stadt an den Hofrat in Brixen mit der Beschuldigung, Säben bezahle für ein Haus, das man für den Beichtvater des Klosters gekauft hätte, keine Steuern. Außerdem halte sich das Kloster nicht an das Verbot der Holztriftung auf dem Tinnebach.

Der Hofrat vermittelte zwischen der Stadt und dem Kloster. Was die Holztriftung anbelangt, kam es bald zu einer Einigung, nicht aber beim Geld. 24 Jahre später stellte man in Klausen fest, dass Säben die Abgaben für das Haus immer noch nicht gezahlt hat. Der Brixner Hofrat erlaubte der Stadt, den Herbergzins für das Säbener Haus so lange zurückzuhalten, bis die Schulden des Klosters getilgt sind.

In der Gegenwart pflegen Stadt und Kloster eine sehr „gute Nachbarschaft" und an wichtigen Ereignissen der Klostergemeinschaft haben sich stets auch zahlreiche Klausnerinnen und Klausner beteiligt. In den letzten 25 Jahren gab es dazu viele Anlässe. 1986 feierte das Kloster sein 300jähriges Bestehen, Marcellina Pustet feierte im Juni 1995 ihr silbernes Jubiläum als Äbtissin, wobei ihr das Goldene Ehrenzeichen der Stadt Klausen verliehen wurde. Am 20. April 1996 wurde Maria Ancilla Hohenegger von Bischof Wilhelm Egger zur 11. Äbtissin der Säbener Gemeinschaft geweiht.

Im Jahre 1686 entstand auf Säben die Abtei zum Heiligen Kreuz.

1688
Die Karfreitagsprozession (Pernthaler)

Seit 1643 veranstalteten die Klausner am Karfreitag eine Prozession zur Kreuzkirche auf Säben. Was am Anfang als Erinnerung an den Kreuzweg Christi galt, wurde im Laufe der Zeit zu einem regelrechten „Spektakel" mit Hunderten von Teilnehmern, die verschiedene Ereignisse aus der Bibel szenisch darstellten. Pernthaler hat uns die Prozessionsordnung von 1688 schriftlich überliefert. Sie ist nicht vollständig, sondern führt nur die bemerkenswertesten Szenen an.

- Ein Vortreter, gehüllt in schwarzem Mantel, in der Hand einen schönen, gemalten Stab.
- Ein Engel mit dem Baum des Lebens, in dessen Geäste sich eine Schlange mit einem Apfel im Maule befindet, zur Rechten Adam mit schwarzem Haar, zur Linken Eva mit langen, blonden Haaren, in der Hand einen Apfel, beide wandeln in weißen Kleidern traurig einher.
- Der Satan mit Ketten und Fuchsschweif, Adam und Eva anreizend.
- Isaak, bei zehn Jahren alt, in rotem Kleide mit fliegenden Ärmeln und Kniehosen, um die Mitte eine blaue Binde, auf dem langen weißen Haar einen türkischen „Punt" mit Kleinod. Er trägt auf der Achsel ein Bündel Holz.
- Darauf Abraham, der Patriarch, in stahlgrünen Hosen, mit rotem Wams und großem Bart, auf dem Haupte einen türkischen „Punt" mit Kleinod, in der Hand ein hölzernes, versilbertes Schwert zum Streiche ausholend.
- Es folgt ein Engel, der dem Abraham mit einem Seidenband das Schwert zurückhält.
- König David mit schönem langen Bart, in langem Rock, dessen Oberteil rot, mit fliegenden Ärmeln, der untere „feilipraun" (veil-

chenbraun) und mit Silber verprämt ist, auf dem Haupte die königliche Krone, ein Tüchel und eine Harfe in den Händen, seine Sünden beweinend.

- Christus am Ölberg, barfuß, voll Blut, in braunem Rock gekleidet, zum himmlischen Vater aufsehend und betend.
- Zwei Engel, der eine mit dem Schwert Petri, an dem sein Ohr haftet, der andere mit dem Hahn.
- Christus, glatt weiß gekleidet mit roter Schürze, begleitet von drei Juden oder Heiden mit türkischen Binden, die mit Geißeln und Ruten Christum geißeln und kasteien.
- Vier Paar Geißler in weißen langen Kutten, die sich mit Ruten selbst kasteien.
- Die Dornenkrönung Christi - Christus in weißem glatten mit Blut besprengten Kleid, schönem roten mit silbernen „Schieppen" eingefassten Purpurmantel, ein rotes Schürztuch um die Mitte, eine große Dornenkrone auf dem blutigen Haupte, in den Händen, die kreuzweise gebunden, ein grünes Rohr haltend, begleitet von zwei Juden oder Heiden mit türkischen Binden, die Christi Mantel halten und mit weißen Röhren die Dornenkrone niederdrücken.
- Dann folgen vier Engel, der erste mit dem Hammer, der zweite mit der Zange, der dritte mit dem Bohrer, der vierte mit dem Herzen und drei Nägeln.
- Die Kreuztragung Christi: Christus in langem, rotem Leinenrock, voll Blut im Angesicht und an den Füßen, auf langem Haar die Dornenkrone, die Mitte mit einem Seile umgürtet, das Kreuz auf der Achsel tragend und nachziehend - begleitet und geführt von drei Juden oder Heiden mit türkischen Binden und roten Käpplein, die den Herrn kasteien.
- Darauf die würdige Mutter Gottes „mit sieben Schmerzen", die Hände kreuzweise haltend mit einem Tüchlein, sich traurig stellend, dann Maria Magdalena, die freche mit ihrer weltlichen Zier und

Der Kreuzweg nach Säben war nicht nur Pilgerweg, sondern auch Schauplatz der spektakulären Karfreitagsprozession.

Hoffahrt; hernach Maria Cleopha, Maria Salome, Maria Jacobi, die büßende Maria Magdalena, Catharina von Siena, Rosalia und Rosa.
• Dahinter folgen Musik und Chor, die Priesterschaft, der Adel und die Bürger, alle paarweise in guter Ordnung. Ganz zum Schluss die ganze Gemeinde in rechter Ordnung und Andacht.

Der gewaltige Aufwand verursachte entsprechende Kosten, die aber von Adeligen und von besser situierten Bürgern getragen wurden. Sogar von einem Beitrag des Brixner Fürstbischofs in der Höhe von 250 Gulden ist die Rede.

Da die Prozession immer mehr zu einer Komödie wurde und bei rechtschaffenen Personen Anstoß erregte, wurde 1781 eine Einschränkung angeordnet. Die wichtigsten Szenen der Passion konnten weiterhin dargestellt werden, sämtliche als Juden, Kreuzzieher, Geißler und dgl. verkleidete Personen waren aber ab sofort verboten.

Mit diesen Einschränkungen war es mit dem Engagement der Klausner für diese Prozession offensichtlich vorbei. 1786 kamen Kleidungsstücke und andere Ausrüstungsgegenstände unter den Hammer, so Teufelskutten und -larven, Waffen, Harnische u. s. w. Die Versteigerung brachte 123 Gulden ein und bedeutete das Ende der Karfreitagsprozession.

6. Oktober 1699
Grundsteinlegung für das Klausner Kapuzinerkloster (Schrafll)

Wenige Jahre nach der Gründung von Säben entstand auf der Frag das Kapuzinerkloster. Königin Maria Anna von Spanien wollte sich damit bei ihrem Beichtvater, dem gebürtigen Klausner Kapuzinerpater Gabriel Pontifeser, bedanken.

Da die Kapuziner bei der einfachen Bevölkerung Tirols sehr beliebt waren, stand die Bürgerschaft von Klausen dem Kloster von Anfang an wohlwollend gegenüber. Außerdem war die Finanzierung der Klostergründung zur Gänze gesichert.

Ganz ohne Meinungsverschiedenheiten ging es trotzdem nicht ab. Das Brixner Domkapitel meldete Bedenken an und das Brixner Kapuzinerkloster befürchtete eine Konkurrenz beim Sammeln von Spenden. Auch aus Klausen selbst kamen einige kritische Stimmen: das Kloster sollte möglichst in Stadtnähe erbaut werden, um zu verhindern, dass Kirchgänger ihre Einkäufe und Wirtshausbesuche auf der Frag erledigen. Durch vornehme, königliche Geschenke an die Geistlichkeit und an einflussreiche Bürger gelang es Pater Gabriel sehr bald, diese Einwände zu entkräften.

Das Grundstück für das neue Kloster stellten Gabriel Sepp von und zu Rechegg und seine Gemahlin Barbara, geb. Lutz zu Glatsch um 4.500 Gulden zur Verfügung. Auf den 6. Oktober 1699 wurde die Feier der Grundsteinlegung angesetzt. Diese Zeremonie wollte der Brixner Fürstbischof Khuen selbst vornehmen. Die Klosterchronik berichtet:

„Am 6. Oktober früh kam der Fürstbischof nach Klausen. Hier zog er in der Pfarrkirche die Pontifikalkleider an und zog dann in feierlicher Prozession zum Bauplatz. Trotz der regnerischen Witterung begleiteten vier Domherren, zwei Dekane, vier Pfarrer, elf Kapuziner und eine große Volksmenge den Zug. Die Festpredigt musste auf Wunsch des Bischofs wegen der kühlen Witterung unterbleiben. Zum Schluss wurde von Seiten der Kapuziner dem sichtlich erfreuten Bischof ein großer Dank ausgesprochen.

Nach dem Rückzug in die Pfarrkirche wurde ein feierliches Te Deum gesungen, darauf folgte das Pontifikalamt des Bischofs. Ein reiches Gastmahl im Haus des Klausner Stadtschreibers, dessen Kosten der Fürstbischof bestritt, beschloss die erhebende Feier.“

Plan des Kapuzinerklosters auf der Frag

Keine zwei Jahre später wurden Kirche und Kloster geweiht. Dazu schreibt der Chronist:

„Am Morgen des 19. Juli 1701 erschien der Fürstbischof in Begleitung mehrerer Domherren und eines zahlreichen Gefolges und nahm die Weihe der Kirche mit den vier Altären vor. Exprovinzial P. Stephan, ein eifriger Förderer des Klosters, hielt die Festpredigt. Das anschließende Festmahl im Refektorium des Klosters bezahlte wiederum der Fürstbischof. Daran beteiligten sich nebst den Domherren und dreißig Priestern auch zwanzig Kapuziner. Tafelmusik und Pöllerknall erhöhten die Festesfreude.
Gegen Ende des Mahles verteilte der aus Toledo angereiste P. Tiburtius die von der Königin bestimmten Geschenke an den Fürstbischof, die Domherren und andere. Anschließend nahm der Fürstbischof die Weihe der Kelche

und verschiedener liturgischer Geräte, die aus Spanien übersandt wurden, vor. Auch spendete er 600 Personen das Sakrament der Firmung".

Bei den genannten Kelchen und liturgischen Geräten, die aus Spanien übersandt worden waren, handelt es sich sicherlich um den Loretoschatz.

Bezogen wurde das Kloster wenige Monate später, als *„die ersten Patres in Begleitung des Stadtpfarrers, des Stadtrates, vieler Bürger und einer Menge von Leuten aus den umliegenden Dörfern unter Absingung des Te Deums in das neue Kloster einzogen."*

Das Kapuzinerkloster in Klausen wurde bis zum Jahre 1972 geführt. Am 16. Mai dieses Jahres wurde der gesamte Komplex samt Garten und Berg der Stadtgemeinde Klausen zum Kauf angeboten.

Die Klausner gedachten des Klosters und seiner Gründung anlässlich des 300-Jahrjubiläums im Oktober 1999. Zu diesem Anlasse wurde das Denkmal von Martin Rainer im Kapuzinergarten enthüllt und die Broschüre „300 Jahre Kapuzinerkloster Klausen" vorgestellt.

Ein wesentlicher Bestandteil des Klosters war und ist der Loretoschatz. Hier soll weniger auf die Schenkung eingegangen werden, sondern viel mehr auf die überaus wechselvolle Geschichte, die dieses Kleinod erlebt hat.

1701 nach Klausen gebracht, wurde der Loretoschatz, auch Kapuzinerschatz genannt, zuerst in einem Nebenraum hinter der Loretokapelle den interessierten Besuchern gezeigt. Während der bayrischen Besatzung (1805 bis 1809) verschwanden etliche Gegenstände nach München. Die Überschwemmung von 1921 hat weitere Bestände fast zur Gänze vernichtet.

Das Denkmalamt Südtirols hat 1963 für den Loretoschatz neue Räumlichkeiten im Kloster adaptiert. An die Eingangstür an der Stra-

Die Loretokirche auf der Frag (Hans Frahm)

ße von der Stadt auf die Frag können sich die meisten Klausnerinnen und Klausner noch erinnern.

Trotz installierter Alarmanlage kam es 1986 zu einem dreisten Einbruch. Dank guter Zusammenarbeit der Polizeiorgane mehrerer Länder kam der Loretoschatz wieder nach Klausen zurück, der Großteil am 25. November 1990 (aus dem Schweizer Kanton Tessin), das wertvolle chinesische Porzellan als *„Ostergeschenk"* (Tageszeitung Dolomiten) im April 1998 aus Mestre. Der Loretoschatz zählt damit wieder zu den großen Kostbarkeiten des Stadtmuseums.

11. März 1706
Feuersbrunst in Klausen (Gasser)

Die Feuersbrunst von 1706 dürfte die schlimmste gewesen sein, die Klausen in seiner Geschichte heimgesucht hat. Der Brand brach gegen elf Uhr nachts aus. Es wurde zwar fünfmal Sturm geschlagen, aber *vor großen Schrekhen wenig Hilff gelaist, dahero das Feur immer mehr zuename und so gar das ob Clausen stehende Schloß Prantzoll von Feur ergriffen worden, wordurch die ganze Statt in große Gefahr gerathen. Entlich durch Benedicierung mit den hechsten Guet und Hineinwerffung viller geweichten Sachen, auch bey Hülf viller von allen Bergen und Orthen zue lauffenten Leithen ist die Brunst nach vier Stunden gelescht worden.*

Das Ausmaß der Schäden war beträchtlich: fünf Gebäude, eine Schmiede, eine Stallung samt Dille wurden ganz in Asche gelegt und weitere Hauser schwer in Mitleidenschaft gezogen.

1749

Instruktion für einen neuen Schulmeister (Blasbichler Augschöll)

Dass sich das heutige Berufsbild des Lehrers gründlich von dem von 1749 unterscheidet, kann man diesen Vorschriften entnehmen.

* *(Der Lehrer ....) hat mit großem Fleiß dahin zu trachten, dass die jungen Kinder nebst dem, was sie in Lesen und Schreiben, Rechnen und andern erlernen, in der Furcht und Liebe Gottes stets gehalten, gute und christliche Sitten angewöhnen und vor allen Ausgelassenheiten mit möglichem Eifer abgehalten werden. Er soll genau Obsorge tragen, dass sowohl in als außer der Schule seine ihm anvertrauten Kinder jederzeit alle Ehrbarigkeit beibehalten.*
* *Er soll folglich die Knaben von den Mädchen absondern und niemals gestatten, dass mehrere zusammen von der Schule auftreiben, auch sonst durch sich selbst und durch andere, auf welcher er alles Zutrauen hegen kann, fleißige Obacht haben, dass es keine unanständigen Zusammenstellungen gibt, die besonders im Frühling, Sommer und Herbst im Freien geschehen, weiters muss auch den Knaben das schändliche, unerlaubte und gefährliche Baden mit allem Ernst und unausbleiblicher Bestrafung abgestellt werden.*
* *Er muss täglich mit den Schulkindern der heiligen Messe beiwohnen, diese in einer Ordnung zur Kirche führen, und die jenigen, so sich durch Schwätzen, Lachen, Herumgaffen oder andere üble Gebärden nicht recht aufführen, wann die vorher gehende Ermahnung nichts ergibt, ohne Nachlass jederzeit zu bestrafen.*
* *Er soll das unanständige Schreien, besonders am Ausgang von der Kirche nach gehaltenen Gottesdiensten, alle Gezänk und Raserei so viel wie möglich verhindern und diejenigen, die sich dauernd verfehlen, mit der Ruthen abstrafen. Sollte bei einem und anderen keine Besserung eintreten, ist solch übles Verhalten bei der Höheren Behörde getreulich anzubringen.*

- *Damit die Kinder mit Nutzen und mit einer Ordnung in Lesen, Schreiben und Rechnen gründlich unterwiesen werden, sind sie in drei Klassen aufzuteilen. In die erste gehören diejenigen, so allererst anfangen die Buchstaben und deren Zusammensetzung zu lernen. In die andere kommen, die zu Lesen und Schreiben für fähig erkennet werden. In der dritten aber sind jene zu zählen, die nebst einer guten Handschrift auch die Raithkunst (Rechenkunst) begreifen wollen. In jeder Klasse sollen die Geschicktesten den andern vorgesetzt werden.*
- *Jedes Schulkind, das Lesen lernt, soll sowohl vor- als nachmittags zweimal aufsagen, den Schreibenden aber muss so oft als es notwendig eine Vorschrift gemacht, und die gemachte Nachschrift fleißig durchsuchet werden, wobei zu beachten ist, dass den Kindern niemals unerlaubte gefährliche Bücher und Schriften in die Hand kommen.*
- *Am Montag und Freitag ist der Vormittag meistens mit der Erlernung aus dem Katechismus und anderer Glaubenssachen zuzubringen. Sodann soll außer am Sonn- und Feiertag der Nachmittag am Donnerstag schulfrei sein, wenn in der Woche kein Feiertag ist.*
- *Bei allen wichtigen Vorfällen wird der Schulmeister zur vorgesetzten Obrigkeit Zuflucht zu nehmen wissen. Dort hat er alle billige und erforderliche Hilfeleistung zu erwarten.*

Während diese Instruktionen für den Lehrer bestimmt waren, gibt es 1792 auch Instruktionen für die Schüler.

- *Die Schüler müssen von zu Hause geraden Weges still und sittsam zur Schule gehen. Die Schüler müssen sich zu bestimmter Zeit fleißig und unterbrochen (*heißt wohl: nicht alle zur gleichen Zeit) *einfinden, weder gar zu zeitlich noch zu langsam kommen.*
- *Sie müssen sich das Gesicht, die Hände gewaschen, die Haare gekämmt und die Nägel abgeschnitten haben, müssen mit den gehörigen Büchern, Federn, Papier und Rechentafeln versehen sein.*

Klausner Mädchenklasse im Jahre 1898

150 Jahre später, also um 1900, wird in Klausen eine neuerliche Schulordnung erlassen. Es fällt auf, dass die strengen Regeln von 1749 kaum
abgeschwächt worden sind. Die wichtigsten Vorschriften waren:

Besuch der Gottesdienste

• *Die Schulmesse ist täglich zu besuchen mit Ausnahme des Donnerstages,
an welchem die Kinder zum hl. Amte um sieben Uhr zu erscheinen haben.*
• *An Sonn- und gebotenen Feiertagen ist am Vormittag der Predigt und
dem hl. Amt, am Nachmittag der Christenlehre und der ortsüblichen Andacht in der Pfarrkirche beizuwohnen.*
• *An bestimmten Tagen sind die hl. Sakramente zu empfangen.*
• *Versäumnisse der religiösen Übung werden ebenso wie Schulversäumnisse
angerechnet und bei der Bestimmung der Note in Anschlag gebracht.*

• *Jedes Ausbleiben von der religiösen Übung muss entweder vorher erbeten oder nachher gehörig entschuldigt werden.*

• *An besonderen religiösen Feierlichkeiten wie Prozessionen oder derglei-chen haben die Schüler über Anordnung der Vorgesetzten teilzunehmen in der ihnen vorgeschriebenen Ordnung und Weise.*

Verhalten in der Kirche:

• *Die Schulkinder haben zum Gottesdienste rechtzeitig, sauber gewaschen und gekämmt und reinlich gekleidet zu erscheinen.*

• *Dieselben haben in der Kirche den bestimmten Platz einzunehmen und sich dort andächtig und Ehr erbietend zu betragen.*

• *Während des Gottesdienstes dürfen sie nicht hinausgehen und am Schlusse die Kirche nicht verlassen, solang der Priester nicht in die Sakristei zu-rückgekehrt ist.*

Schulbesuch:

• *Alle Schulkinder haben an Schultagen rechtzeitig um halb acht Uhr zum gemeinsamen Zug in die Kirche, nachmittags vor ein Uhr in der Schule zu erscheinen und die notwendigen Lehrbücher und Requisiten mitzu-bringen.*

• *Jedes Kind muss sich den Anordnungen des Herrn Lehrers und Katecheten folgsam erweisen.*

Verhalten der Kinder außer der Schule

• *Die Schulkinder haben auf dem Weg zur Schule und von derselben sich an-ständig zu betragen, des Lärmens, Schreien und Raufens und desgleichen zu enthalten und nicht müßig herumzustehen.*

28. November 1756
Klagen gegen den Stadtrichter Christian Lunz (Stifter)

Wieder einmal gab es Klagen der Klausner gegen ihren Stadtrichter. Christian Lunz behandle sie schlecht und beleidige sie, bei Gerichtsverhandlungen verhalte er sich „hitzig" und „unmanierlich".
Lunz wurde getadelt, er setzte sich aber gegen diese Verleumdungen energisch zur Wehr. Er gab an, die Leute so zu behandeln, wie sie es verdienen. Gegen ehrbare, gesittete Leute - von welcher Art besonders in Latzfons viele zu finden wären - verhalte er sich höflich, gegen die anderen - die fast immer Klausner wären - ginge er gebührend vor.
Es sei auffallend, dass die Klagen gegen ihn erst jetzt vorgebracht würden, wo er strengere Kontrollen durchführen und neue Regeln aufstellen ließ. Vorher hatte er *„alle fünfe gerade"* sein lassen und niemand habe etwas an ihm bemängelt.

Sechs Jahre später resignierte der Stadtrichter und ersuchte den Brixner Fürstbischof um einen anderen Aufgabenbereich.

20. Jänner 1770
Prozess wegen einer Abtreibung (Stifter)

Maria Kelder wurde in Klausen verhaftet und zur weiteren Inquisition nach Brixen geschickt, da sie in Klausen wegen des schlechten Zustandes des Gefängnisses nicht gut und sicher untergebracht werden konnte.
Die Frau gestand, acht uneheliche Kinder zur Welt gebracht zu haben. Bei einigen dieser Kinder habe sie - so gab Maria Kelder im Verhör

weiter zu - selbst eine Frühgeburt verursacht, was zu baldigem Tod der Geborenen führte. Ein anderes Kind habe der Kindsvater auf ihren Wunsch gleich nach der Geburt in den Bach geworfen. Die Frau konnte allerdings nicht angeben, ob das Kind zu dem Zeitpunkt noch gelebt habe. Ein weiteres habe sie selbst, obwohl es noch gelebt hätte, in eine kleine Truhe eingeschlossen.

Das Urteil war folgendes: die Frau sollte zuerst in Brixen, dann in Klausen eine Stunde lang mit einem großen Strohkranz auf dem Kopf „exponiert" (wohl öffentlich verspottet) werden. Daraufhin sollte sie „auf die empfindlichste Art verprügelt" und schließlich fünf Jahre ins Gefängnis gebracht werden.

28. Jänner 1793
Eine Faschingsordnung wird erstellt (Stifter)

Von einer reichlich restriktiven Verordnung zum Faschingsgeschehen erfahren wir im Jahre 1793.

- Maskierungen sind verboten.
- Einige Bälle sind *„geduldet"*, jedoch nur solche, die an bestimmten Tagen, zu gewissen Zeiten und unter Aufsicht abgehalten werden.
- Die Genehmigung zu solchen Bällen, die im Übrigen nicht länger als bis neun Uhr abends dauern dürfen, müssen die Wirte bei ihrer Obrigkeit einholen.
- Das Abhalten von Hausbällen wird nur den Adeligen und den Honoratioren der Bürgerschaft erlaubt, während es für normale Bürger verboten ist.
- Während der Gottesdienste darf keine *„Lustbarkeit"* durchgeführt werden.

- Alle Gastwirte und Bürger, denen eine „*musikalische Ermunterung*" in ihrem Haus erlaubt wird, müssen für entstehende Unruhen gerade stehen und die dafür verhängte Strafe hinnehmen.

24. März 1796
Französische Besetzung in Klausen (Gasser)

Dass die Zeit der Franzosenkriege und des Tiroler Freiheitskampfes in Klausen im Großen und Ganzen glimpflich ablief, war ein Verdienst des damaligen Bürgermeisters der Stadt, Joseph Anton Perlath Edler von Kaltenburg. Er stammte aus einer alten Brixner Bürgersfamilie. Später zog er nach Klausen und wurde durch Einheirat Gastwirt bei der „Gans". Zwischen 1786 und 1798 sowie zwischen 1807 und 1812 bekleidete er das Bürgermeisteramt.

Der erste französische Ansturm erfolgte am 24. März 1797. 13 Tage lang wurde Klausen vom Feinde besetzt. Dank des Einsatzes und der Diplomatie Perlaths verlief diese Zeit für die Stadt und für die Bürger ruhig. Wesentlich gespannter war die Situation in den Jahren 1805 und 1809 (siehe dort).

Denkmal an Bürgermeister Joseph Anton Perlath Edler von Kaltenburg (Valentin Gallmetzer um 1908).

2. Februar 1799
Das Bildnis der Maria von Glun (aus der Chronik von Anselm Pernthaler, gekürzt).

Auch in Klausen gibt es ein Bildnis einer wundertätigen Muttergottes.
Es ist die Maria von Glun, ein Bild, das heute in der Apostelkirche auf
dem Gemälde des Hochaltars hängt. Über die Auffindung des Gna-
denbildes und über seine Überführung in die Apostelkirche erzählt
folgende Legende:

Vor ein paar hundert Jahren hat Michael Helfer zu Glun im Eisackrechen
ein etwas über eine Spanne langes Täfelchen mit einem lieblichen, seitwärts
gekehrten Brustbilde der Muttergottes gefunden und es in seiner Stube über
dem Esstische in einen finsteren Winkel gestellt.
Nun hätten die Hausleute bemerkt, dass dieses Bild immerfort Tränen ver-
gieße. Michael habe aber in der Meinung, es komme von der Feuchtigkeit,
das Täfelchen öfter abgewischt und an einen anderen Ort stellen lassen. Da
es aber immer wieder nass war, habe dieses Bild großes Aufsehen gemacht
und (dies) *sei der Geistlichkeit kundgetan worden, die es auf einige Zeit zu*
sich brachten. Dann habe der Besitzer des Hofes in demselben ein Kapell-
chen errichten lassen, in dem das Bild zu weinen fort gefahren und viele,
viele Verehrer herbeigezogen habe, die nicht ohne Hilfe und Trost von dort
geschieden seien. Oft sei es ganz schwarz vor Menschen gewesen, die über
die Brücke gingen, um den Glunhof zu erreichen.
Einmal kam eine Frau aus Bayern in Begleitung zweier Männer nach
Glun und erzählte unter vielen Tränen der Freude und Andacht vor dem
Gnadenbilde den erstaunten Leuten, sie sei im geistesirren Zustand gewe-
sen und ins Wasser geraten. Da hätte sie gerufen: „Oh Mutter von Glun,
hilf mir davon". Sie hätte aber bisher nur ein einziges Mal von dieser etwas
gehört.
Sie sei wie auf trockenem Boden aus dem Wasser herausgegangen und habe

Die weinende Madonna von Glun in der Apostelkirche von Klausen.

seither keinen Anfall ihrer früheren Geisteszerrüttung mehr bekommen. Dieses Erlebnis hätte sie zu einer Wallfahrt nach Glun bewogen. Es sei aber fast unmöglich gewesen zu erfragen, wo denn der Ort Glun liege.

Ein andermal habe ein Fuhrmann seinen Wagen bei Klausen um alle Welt nicht mehr weitergebracht; er habe aber die Mutter Gottes von Glun angerufen und seine Pferde mit dem schweren Wagen seien so über die Anhöhe hinaufspaziert, als hätten sie nichts zu ziehen gehabt.

Diese zwei Fälle seien die ersten Wunder gewesen, welche Maria durch ihr Bildchen in Glun erwirkt habe. In der Folge seien so viele geschehen, dass bald die Mauern der Kapelle für kein einziges Täfelchen mehr Raum gehabt hätten. Durch diese Wunder und den gewaltigen Zulauf des Volkes bewogen, übertrug man endlich das Bildnis, um ihm einen würdigen Platz einzuräumen, in die gegen 1470 erbaute Kirche zu den Zwölf Aposteln, am äußersten Ende des Städtchens. Die Übersetzung erfolgte mit möglichst großer Festlichkeit um 1799 am Lichtmesstage, da es so kalt war, dass die Fahnenträger und andere, wenn auch die Strecke des Weges nicht groß ist, doch öfter gezwungen waren, sich in die Häuser zu flüchten, um sich zu erwärmen.

2. Zeitabschnitt: 1803–1919

Das Ende des Hochstiftes Brixen Klausen als Gemeinde Tirols innerhalb der österreichischen Monarchie

Im Jahre 1803 endete die fürstbischöfliche Herrschaft. In der Geschichte bezeichnet man dies als Säkularisation. Das Hochstift Brixen, das damals 900 km² Fläche umfasste und etwa 26.000 Bewohner zählte (Forcher), wurde aufgelöst und dem Land Tirol angegliedert. Obwohl diese Maßnahme *von Napoleon persönlich aufdiktiert* worden war, gab es kaum Einwände dagegen, nicht einmal von lokalen kirchlich-konservativen Kreisen. Schließlich hatte man die Hochstifte von Brixen (und Trient) schon *lange als unzeitgemäß empfunden*. Die Eingliederung der neuen Landesteile ging also ohne Schwierigkeiten von sich, da ja bisher schon zahlreiche *uralte Bindungen und Gemeinsamkeiten zwischen Tirol und den Hochstiften* bestanden hatten (Forcher).

Für Klausen begann damit ein neues Zeitalter, das wir heute gerne mit dem Begriff „demokratisch" bezeichnen. Die Neuerungen betrafen vorerst nur die Stadt, Verdings und Latzfons. Gufidaun war als landesfürstliches Gericht ja bisher schon Tiroler Territorium und nicht Teil des Hochstiftes. Die Reformen des 19. Jahrhunderts waren aber so weitreichend, dass sie das ganze Land betrafen und nicht nur das Hochstift.

Was sich im Jahre 1803 (und in den unmittelbar folgenden Jahren) für Klausen konkret geändert hat, soll hier kurz angeführt werden:

• Staatsform und Verfassung

Staatsoberhaupt war nun nicht mehr der Fürstbischof von Brixen, sondern der österreichische Kaiser (ab 1804). An die Stelle der bischöflichen Verfügungen traten die Gesetze des Landes Tirol und die Verfassung Österreichs. Den wichtigsten demokratischen Fortschritt stellte die Teilung der Gewalten dar, zweifelsohne eine direkte Folge der Aufklärung. Die Gesetzgebung oblag nun den Parlamenten, die Umsetzung und Überwachung der Gesetze den zuständigen Regierungen und ihren Beamten und die Rechtssprechung freien, unabhängigen Gerichten.

• Die Entstehung der Gemeinden

Was wir heute unter dem Begriff „Gemeinde" verstehen, nämlich eine freie, unabhängige und selbständige Körperschaft, gibt es erst seit 1803.

Das Territorium der Gemeinde Klausen blieb vorerst nur auf das Stadtgebiet beschränkt und entsprach der heutigen Katastralgemeinde Klausen (vom Brixner Tor bis zum Tinnebach). Den Gemeindestatus erhielten auch die umliegenden Nachbarn: Lajen (über dem Eisack), Gufidaun, Latzfons (außerhalb des Brixner Tores) und Villanders (über dem Tinnebach). Diese Gemeindeterritorien hatten bis 1929 Bestand (siehe dort).

• Bürgermeister und Gemeinderat

Wer als Bürgermeister und als Gemeinderat die Geschicke der Stadt leiten sollte, entschied nun das Volk in freien Wahlen. Die Einführung des aktiven Wahlrechtes gehört zweifelsfrei zu den großen Errungenschaften des 19. Jahrhunderts. Seine Ausübung war allerdings noch viele Jahrzehnte lang erheblich eingeschränkt. Die Frauen waren davon ausgeschlossen (in Österreich bis 1918, in Italien sogar bis 1946). Aber auch nicht allen Männern wurde das Wahlrecht zuerkannt, sondern nur jenen, die *eine gewisse Steuerleistung erbrachten oder über einen entsprechenden Besitz verfügten* (Hye).

Endgültig ausgedient hatte auch die Bürgerversammlung, die seit 1485 eine wichtige Einrichtung bürgerlicher Autonomie darstellte. Sie trat am 20. Dezember 1803 zum letzten Male zusammen.

• Die Beamten

Die Funktionen des Stadtrichters, des Zöllners und anderer bischöflichen Beamten wurden ab sofort überflüssig. Folgende Personen versahen in Klausen als letzte ihren Dienst (Stifter):

- Stadtrichter und gleichzeitig Burghauptmann von Säben: Anton von Klebelsberg (er wurde bayrischer Stadt- und Landrichter).
- Zöllner: Hartmann Anthoni Klammer
- Zoll - Gegenschreiber: Johann Marcher der Jüngere.

An ihre Stelle traten nun Gemeinde-, Landes- und Staatsbeamte sowie Gendarmen. Sie hatten auf gesetzlicher Grundlage die Verwaltung durchzuführen, die Steuern einzutreiben und die öffentliche Sicherheit zu garantieren.

• Reform der Justiz

Auch die Einführung unabhängiger Gerichte muss als große Errungenschaft bezeichnet werden. Urteile wurden ab sofort nicht mehr vom (bischöflich ernannten) Stadtrichter gesprochen, sondern von einem freien, unabhängigen Richter.

Viele kleine Landgerichte wurden aufgelöst und zu größeren Stadt- und Landgerichten zusammengefasst. Der Klausner Gerichtsbezirk wurde zu einem der größten Tirols. Er umfasste das ganze untere Eisacktal und Gröden, für einige Jahre sogar die Gemeinden des Fassatales über dem Sellajoch. Als Gerichtssitz diente weiterhin das Neidegger'sche Haus in der Oberstadt. Als Bezirksgericht (Pretura) mit dem angeschlossenem Gefängnis bestand es bis in die Achtzigerjahre des 20. Jahrhunderts. Heute befindet sich in diesem Hause das Friedensgericht.

Das Neidegger'sche Haus in der Oberstadt, bis in die jüngste Vergangenheit Klausner Gerichtssitz, heute Sitz des Friedensgerichtes.

• Neuordnung der Bistümer

Bisher bildete der Tinnebach die Grenze: Klausen gehörte zu Brixen, die Frag zu Trient. Daran erinnern die beiden Wappensteine am Eingang in den Kapuzinergarten (Jahreszahl 1750).

Durch eine päpstliche Verfügung im Jahre 1818 kamen nun auch noch die Pfarreien Klausen, Latzfons, Feldthurns, Gufidaun und Villnöss zu Trient. Diese anachronistische Einteilung blieb bis zum 1. September 1964 bestehen, als der Vatikan ganz Südtirol zur Diözese Bozen – Brixen zusammenfasste.

1836 wurde Klausen zum Sitz des Dekanates. Bisher war der Pfarrer von Villanders der Dekan (aus dem Dorfbuch Villanders).

Neben diesen vielen „technischen" Neuerungen haben das 19. Jahrhundert und die Zeit bis zum 1. Weltkrieg der Stadt Klausen auch viele andere, zum Teil sehr folgenschwere Ereignisse beschert, im positiven wie im negativen Sinne. Dazu zählen der Tiroler Freiheitskampf, der Bau der Brennereisenbahn, die Begeisterung für Walther von der Vogelweide und damit die Entwicklung Klausens zur Künstlerstadt und schließlich die Verbesserung der Lebensqualität durch den Bau wichtiger Infrastrukturen. In den folgenden Geschichten ist davon die Rede.

Begebenheiten im Zeitabschnitt zwischen 1803 und 1919

18. November 1805
Einquartierung der Franzosen (Pernthaler)

Ein französisches Korps war von Innsbruck nach Bozen unterwegs. Diese Truppen wurden nach einem Gefecht bei Rentsch und Gries bis nach Klausen zurückgedrängt. So kam es zu einer nicht freiwilligen Einquartierung französischer Truppen, die 14 Tage währte, nämlich vom 18. November bis zum 2. Dezember 1805.

Die Mannschaft übernachtete großteils in den Spitalwiesen in Zelten, ein Teil und vor allem die Offiziere speisten und nächtigten in der Stadt, der Kommandant sogar im „Rössl." Natürlich ging es dabei nicht immer ganz rechtmäßig zu. Pernthaler schreibt in seiner Chronik, dass *die galanten Franzmänner sich mit Gewalt durch Raub und Plünderung holten, was Bürger und Bauern nicht frei- und unfreiwillig servierten.*

Eine Entschädigung der geplünderten und beraubten Bürger und Gastwirte konnte erst viele Jahre nach den kriegerischen Wirrnissen eingefordert werden. Selbst wenn man annimmt, dass im Nachhinein die Schäden noch ein bisschen größer angegeben worden sind, als sie es tatsächlich waren, muten die auf den vorliegenden Rechnungen angegebenen Summen sehr hoch an. 18.000 Gulden gab man nur für die Verpflegung von Offizieren und Mannschaft an und der Wirt zur Gans machte über 3.000 Gulden für die Verpflegung der französischen Pferde geltend.

Wenn man diese Beträge in die heutige Währung umrechnet, handelt es sich um stolze Summen. Laut Internet entspricht eine Krone in etwa 4,40 €. So hätte nur das Futter für die Pferde mehr als 13.000 € betragen. Allerdings ist ein Kaufkraftvergleich, auf einen so langen Zeitraum bezogen, nur schwer möglich.

Joachim Haspinger, Anführer im Tiroler Freiheitskampf

25. August 1808
Aufhebung des Klosters Säben - Die Klosterfrau Magdalena Told

Während der bayrischen Besetzung Tirols (1806 – 1810) wurde die Auflösung des Klosters Säben angeordnet. Die Nonnen mussten Säben verlassen und bayrische Soldaten plünderten das Kloster. *„Nicht einen Hafen oder Kessel hätten die Räuber uns gelassen"*, berichtet die Kloster-Chronik, *„wenn Frau Magdalena ihnen diese nicht gleichsam aus den Händen gerissen"* hätte.

Die legendäre Klosterfrau Magdalena Told soll heimlich in eine Soldatenuniform geschlüpft sein und in dieser Bekleidung unbemerkt zu Fuß über Villanders und den Ritten Bozen erreicht haben. Dort wurde sie im Haus des französischen Truppenkommandanten vorstellig, schilderte die Gräuel der Verwüstung auf Säben und wusste ihr Recht durchzusetzen. Sie bat um die Abberufung der Soldaten, und wirklich, der General erfüllte ihre Bitte.

Der nächste Gang führte Frau Magdalena an den Hof des Brixner Bischofs, um die Auflösung des Klosters rückgängig zu machen. Durch diese mutigen Taten hat Frau Magdalena Told wesentlich dazu beigetragen, den heiligen Berg Säben dem Lande bis heute zu erhalten.

5. Dezember 1809
Die Zeit des Tiroler Freiheitskampfes (Gasser)

Nach einer neuerlichen Besetzung Klausens durch die Franzosen wurde die Stadt in der Nacht zum 25. November 1809 vom Tiroler Landsturm umzingelt. Die französische Besatzung wurde zur Flucht gezwungen und die einheimischen Truppen rückten ein. Unter dem Kommando von Johann Oberhauser wurde ein eigenes Stadtregiment errichtet.

Die Freude war nur von kurzer Dauer. Am 5. Dezember erstürmte der französische General Severoli die Stadt und drohte, „alles mit Feuer und Schwert zu vernichten". In dieser Not vermittelten wiederum Bürgermeister Perlath und einige weitere einflussreiche Personen. Ihnen gelang es, Klausen und seine Bewohner vor Plünderung, Brandschatzung und Füsilierung zu verschonen. Dass die Drohung des Generals ernst zu nehmen war, beweist die Tatsache, dass Severoli tags darauf über 200 Häuser in der Umgebung von Brixen in Schutt und Asche legen ließ.

Der Klausner Rat würdigte am 1. Oktober 1822 nachträglich die Verdienste Perlaths. Im Protokoll heißt es: *„Besonders hat er* (Perlath) *sich auch eifrigst bemüht, in den kriegerischen Epochen so viel möglich den Schaden der Stadtgemeinde abzulenken, vorzüglich aber hatte* (er) *selber als Bürgermeister im Jahre 1809, da in und um Klausen in den Monaten öfters gefochten worden, nur um die Erhaltung der Stadt Klausen eifrigsten Bedacht genommen und er brachte es wirklich bei der italienisch-französischen Generalität durch seine äußerste Verwendung bei Todesgefahr dahin, dass in diesem wogenden Sturm und besonders am 4. und 5. Dezember 1809 die Stadt Klausen von feindlichen Plünderungen und Raub der Flammen befreit worden, während die benachbarte Umgebung von Brixen ein solches Schicksal erlitten hatte."*

100 Jahre später wurde zur Erinnerung an die Ereignisse von 1809 die Gedenktafel für Bürgermeister Perlath an der Außenseite der Pfarrkirche angebracht.

1828
Auflösung des Gerichtes Gufidaun

Im Mittelalter und herauf bis zu Beginn des 19. Jahrhunderts waren die Gerichte in Tirol nicht nur Orte der Rechtsprechung, sondern als Urbar-Amtssitze auch für die Verwaltung und Steuereinhebung zuständig. Das Gericht Gufidaun bestand seit Beginn des 13. Jahrhunderts und es war eines der bedeutendsten im Lande. Besonders in der Zeit der Reformation spielte das Gericht in Gufidaun bei den Maßnahmen gegen die Wiedertäufer eine wichtige Rolle (siehe 1535).
Die zahlreichen Reformen während der bayrischen Besetzung Tirols (1806 - 1810) führten zu einer kurzfristigen Auflösung des Gerichtes Gufidaun und zur Eingliederung in das Landgericht Klausen. Nach einer kurzen Phase der Wiedereinrichtung (von 1817 bis 1828) kam das endgültige Aus.

Das Hohe Haus, ehemaliger Gerichtssitz in Gufidaun

1835
Abriss zweier Stadttore (Gasser)

Die Klausner Stadtgasse wurde von zwei Toren begrenzt. Das Brixner Tor besteht heute noch und verbindet über dem Torbogen das heutige Rathaus mit der Apostelkirche. Das Bozner Tor mit seinem Kraut- oder Kreideturm, zwischen den Häusern Nr. 13 und Nr. 26 der heutigen Unterstadt gelegen, ist hingegen nur mehr auf älteren Stadtansichten zu erkennen. Im Jahre 1835 erfolgte sein Abriss. Damit verschwand auch die Brücke, die außerhalb des Tores über den Mühlbach führte. Es handelte sich um die Stadtwiere, die vom Tinnebach durch den Säbener Aufgang hinunter bis in die Mühlgasse führte (siehe 1879).
Das gleiche Schicksal wie das Bozner Tor erlitt auch der „Turm vor dem oberen Tor" am anderen Ende der Stadt. Er stand am Marktpatz, wenig nördlich des heutigen Brixner Tores. Mit ihm verschwand auch der geschichtsträchtige „Platz zwischen den Toren". Hier hatten Jahrhunderte lang die Bürgerversammlungen getagt, später hielten dort die Latzfonser, Verdingser und Leitacher ihre Vieh- und Krämermärkte ab (Gasser).

Ohne Zweifel war der Abriss der beiden Tore eine verkehrspolitische Maßnahme. Auf dem Weg in das moderne Zeitalter stand die beschauliche mittelalterliche Enge der Stadt dem flüssigen und hindernisfreien Verkehr im Wege. Die beiden Tore waren nur das erste Opfer dieser Entwicklung. Es folgte die Verlegung des Friedhofes (siehe 1836), dann der Abriss des so genannten Schrott'schen Hauses, das direkt neben der Kirche stand (1845) und schließlich der Abriss der alten Friedhofsmauer (1871). Bis zum Bau der neuen Eisackbrücke im Jahre 1881 wurde noch eine Reihe von weiteren Maßnahmen dieser Art getroffen.

Das Bozner Tor, auch Krautturm genannt, wurde 1835 abgerissen.

17. September 1836
Letzte Bestattung auf dem alten Friedhof

Jahrhunderte lang befand sich rund um die Pfarrkirche der Friedhof
der Stadt. Eine Verlegung auf die andere Eisackseite entsprach räum-
lichen und hygienischen Überlegungen und war gleichzeitig die wichtigste Voraussetzung für den Bau einer neuen Eisackbrücke.

1832 konnte ein Grundstück in Griesbruck als Standort für den neuen
Friedhof angekauft werden. Bis zur endgültigen Fertigstellung vergin-
gen zehn Jahre, laut Stadtchronik fanden schon während der Bauzeit
die ersten Bestattungen im neuen Friedhof statt.

Mit Simon Fritz, einem „taubstummen Spitalpfründner", wurde am
17. September 1836 der letzte Tote im alten Friedhof bei der Pfarrkirche beerdigt.

Bereits zwei Tage später erfahren wir von der ersten Bestattung auf
dem neuen. Bei der Toten handelte es sich um Barbara Gasser, Spital-
anwärterin (Gasser).

24. August 1867
Eröffnung der Eisenbahnlinie von Innsbruck nach Bozen

Nach einer Probefahrt im Juli 1867 nahm die Bahn am 24. August
ihren normalen Betrieb auf. Ab sofort gehörten die staubige Landstraße, Pferdefuhrwerke und Stallgeruch der Vergangenheit an. Die
Eisenbahn ermöglichte ein schnelles, vor allem aber bequemes Reisen.
Mit ihr beginnt der moderne Fremdenverkehr.

Kein Ereignis hat die Wirtschaft der Stadt Klausen im 19. Jahrhundert so stark geprägt wie die Eröffnung der Brennerbahn, vorerst allerdings im negativen Sinne. Die Stadt hatte sich von Anfang an entlang

Der Bahnhof von Klausen mit den besonderen architektonischen Details

der Straße entwickelt, die einheimischen Wirtschaftsbetriebe waren auf den Durchgangsverkehr ausgerichtet und kamen nun durch die Verlagerung des Verkehrs von der Straße auf die Schiene in große Schwierigkeiten. Zingerle schreibt im Jahre 1885 über den Tinneplatz, *der, eh die Bahn gebaut war, meist einer altgermanischen Wagenburg glich. Welch' Leben und Gedränge, welch' Schelten, Fluchen und Peitschenknallen waltete hier, zwischendrein erklangen die melodischen Klänge eines Post-hornes. Nun herrscht meistens geisterhafte Stille auf dem leeren Platze, nur ein Brunnen plätschert* (aus dem Katalog „Künstlerkolonie Klausen"). Anderen Tiroler Städten ist es sehr schnell gelungen, sich als Frem-denverkehrsorte zu profilieren. Im Vergleich zu Gries / Bozen oder Meran war Klausen offensichtlich zu wenig attraktiv. Was half also die beste und bequemste Eisenbahn, wenn die Fahrgäste nicht auf den Gedanken kamen, in Klausen auszusteigen?

Die düsteren wirtschaftlichen Aussichten änderten sich Gott sei Dank sehr bald. Die einsetzende Begeisterung für Walther von der Vogelweide und der romantische Charakter der kleinen Stadt rückten Klausen nach wenigen Jahren wieder in den Mittelpunkt. Die Eisenbahn wurde vom Fluch zum Segen und brachte fortan zahlreiche Besucher nach Klausen. Diese haben die letzten 30 Jahre vor dem 1. Weltkrieg entscheidend geprägt und Klausen zur Künstlerstadt gemacht.

Ab 1867
Die Begeisterung für Walther von der Vogelweide

Die Frage ist berechtigt: Warum wurde ein mittelalterlicher Dichter für die Menschen des ausgehenden 19. Jahrhunderts zu einem derart wichtigen Anliegen?
Es ist eine Tatsache, dass Walther von der Vogelweide und seine Literatur Jahrhunderte lang vollständig vergessen worden waren. Erst jetzt beginnt man, sich mit diesem Dichter zu beschäftigen und in ihm ein nachahmenswertes Vorbild zu finden. Walther wird zum Streiter und Künder der deutschen Einheit, er steht für Werte, die damals von vielen Kreisen als erstrebenswert angesehen wurden, beispielsweise für Selbstwertgefühl, Treue, Nationalbewusstsein, Kühnheit, Kampfgeist u. s. w. (Reinhard Johler in: Gemeindebuch Lajen). Prompt machten sich die verschiedensten deutschsprachigen Regionen die Ehre streitig, Heimat des großen Minnesängers zu sein, so der Kanton Thurgau in der Schweiz, Franken, Schwaben, Bayern, Niederösterreich und sogar Böhmen. 1864 wurde auch Tirol ins Spiel gebracht, 3 Jahre später hatte man mit den Vogelweidhöfen im Lajener Ried schon das vermeintliche Geburtshaus gefunden (Kooperator Anton Spieß und Pfarrer Anton Haller von Lajen).

Walther von der Vogelweide, Glasgemälde

Einer der eifrigsten Verfechter der Lajener Theorie war der Innsbrucker Universitätsprofessor Ignaz Vinzenz Zingerle. Auf sein Betreiben wurde am 3. Oktober 1874 beim Innervogelweider die Gedenktafel enthüllt. Prominente Wissenschaftler und Gelehrte aus dem deutschen Sprachraum bildeten das begeisterte Publikum, dazu gesellten sich deutsch gesinnte Bozner und Brixner Bürger, die ebenso auf den Zug der Waltherbegeisterung aufgesprungen waren. Den Feierlichkeiten folgte eine Flut von Berichten und Notizen in der deutschsprachigen Presse. Die meisten stammten von Zingerle persönlich oder waren auf seine Initiative zurückzuführen. Klausen wurde auf diese Weise im deutschen Sprachraum als „Waltherstadt" bekannt.

Wie haben die Einheimischen auf diese Feierlichkeiten reagiert, vor allem die Lajener und die Klausner? Die Lajener waren zur Anbringung der Gedenktafel fleißig erschienen, sichtlich erfreut darüber, dass im Dorfe endlich einmal etwas Besonderes los war. Mit Walther von der Vogelweide konnten sie aber kaum etwas anfangen. Woher sollten sie auch Informationen über ihn und das Interesse für seine mittelalterliche Dichtung haben? Zingerle gab sich zwar redlich Mühe, die Feier für das einfache Volk verständlich zu machen und ihr eine Art „Volksfestcharakter" zu geben. Andere Festgäste bemerkten jedoch süffisant, *die Einheimischen hätten wohl gar nicht verstanden, worum es ginge, und wo möglich gemeint, es handle sich um eine Seligsprechung* (Reinhard Johler in: Gemeindebuch Lajen).

Auch die Klausner Bevölkerung reagierte vorerst nicht auf die Waltherbegeisterung, man stand dem Ganzen eher zurückhaltend, wenn nicht sogar ablehnend gegenüber. Selbst der bodenständige und heimatverbundene Zingerle wurde als „liberaler Innsbrucker Professor" angesehen, und er wieder bezeichnete Klausen als „konservativ" (Gasser, Künstlerkolonie Klausen). Nicht vergessen werden darf, dass sich

Ignaz Vinzenz Zingerle, einer der eifrigsten Verfechter der Theorie, dass Walther von der Vogelweide aus Lajen stammt.

Der Vogelweider in Lajen, vermeintliches Geburtshaus des großen Minnesängers

auch einflussreiche, konservative Kirchenkreise sehr skeptisch verhielten, nachdem bei den Feierlichkeiten oftmals allzu deutsch-national-liberale und antiklerikale Stimmen zu Wort gekommen waren
Es war das Verdienst der Klausner Gastwirte, die tiefe Kluft zwischen Einheimischen und dem neuen Gästepublikum geschlossen zu haben.

Ab 1874
Das Wirtshaus „Zum Weißen Lamm" in der Oberstadt wird zum Künstlertreff

Dieses Wirtshaus in der Oberstadt war neben dem Grauen Bären seit jeher eines der traditionsreichsten in der Stadt. Die Reisebeschreibung von 1492 (siehe dort) ist ein Beweis dafür, wie gepflegt die Gastlichkeit in diesem Hause bereits im 15. Jahrhundert war.

Am 8. April 1860 übernahm Georg Kantioler die Gaststätte. Der junge „Lamplwirt" war ein geschäftstüchtiger Unternehmer, der sehr rasch erkannte, wie bedeutsam die „neuen" Gäste für die Wirtschaft der Stadt waren. Mit seinem Engagement hat er nicht nur das Bild seines Hauses geprägt, sondern der ganzen Stadt entscheidende Impulse gegeben (Katalog Künstlerkolonie Klausen). Die letzten Jahrzehnte vor dem 1. Weltkrieg sind in Klausen untrennbar mit seiner Persönlichkeit und mit seinem Gasthof verbunden.

Wie oben ausgeführt, wurde Klausen ab 1874 als „Waltherstadt" entdeckt und gefeiert. Bald kamen Gelehrte, Germanisten, Historiker und andere hochkarätige Persönlichkeiten aus Wissenschaft, Kunst und Kultur zu Besuch ins Lampl. Im „Walthersaal" oder im „Walthergarten" traf man sich zum gemütlichen Zusammensein, hier aß, trank und spielte man. Das Glas wurde nicht nur zu Ehren Walthers erhoben, auch für andere Persönlichkeiten der deutschen Geschichte wurden aufwändige Feiern inszeniert, so für den Minnesänger Leutold von Seven oder für Goethe.

Nach einigen Jahren folgten im Lampl die Künstler als nächste Gästeschicht. Für sie war die besondere Atmosphäre des mittelalterlichen Städtchens wichtiger als die mittelalterliche Literatur. Von 1876 an bis zum Ausbruch des Ersten Weltkrieges kamen über 300 Künstler, vornehmlich aus dem deutschen Sprachraum, in die reizvolle Stadt und lernten Klausen kennen, schätzen und lieben. Viele von ihnen kamen

Beim Musizieren in der Rauterstube. Gemälde von Carl Gottfried Müller Coburg.

alljährlich wieder, einige nur für kurze Zeit, andere wiederum ließen sich hier ständig nieder. Diese Zeit wird als „Klausner Künstlerkolonie" bezeichnet. In den drei Gästebüchern des „Lampl", die von 1877 bis 1909 reichen, haben sich zahlreiche Künstlergäste verewigt.
Gegenüber den Künstlern hatten die Klausner scheinbar weniger Vorbehalte. Es kam zu zahlreichen persönlichen Kontakten, vor allem ab 1887, als der Künstler und Literat Ernst Loesch aus Nürnberg zum ersten Male ins Lampl kam. Er besuchte Klausen Jahrzehnte lang und wurde zur liebenswertesten Persönlichkeit der Klausner Tourismusgeschichte.

„Ungezwungen, ohne eine Spur von Herablassung, aber auch ohne Anbiederung, wofür gerade der Tiroler ein feines Gespür besitzt, suchte er den Umgang mit dem einfachen Mann und fand ihn. Leutselig kam er jedem entgegen und im Handumdrehen war er ihm Freund." (Carl Ritter von Lama in der Einführung zur zweiten Auflage von Loeschs Südtiroler Erinnerungen).
Heute noch, über 50 Jahre nach seinem Tod ist „Der Loesch" bei der älteren Generation ein Begriff. Loeschs Zeichnungen und Aquarelle, seine beiden Bändchen sind ein einziger Lobpreis des Eisacktales und seiner Leute (Walther Dorfmann in seinem Vorwort zu einer Neuauflage der Südtiroler Erinnerungen).

Die Anwesenheit der vielen Künstler sorgte in Klausen für einen weiteren positiven Effekt, nämlich einheimische künstlerische Talente zu entdecken und zu fördern. Tatsächlich brachte die Stadt und ihre Umgebung in diesen und den folgenden Jahrzehnten eine Reihe von namhaften bildenden Künstlern hervor (Josef und Hans Piffrader, Hans Rabensteiner, Valentin Gallmetzer) Andere einheimische Künstler wiederum machten Klausen und seine Umgebung zu ihrem neuen Wohnsitz (Josef Telfner). Mit den heute in Klausen wohnhaften Künstlerinnen und Künstlern wird diese Tradition fortgesetzt.
Der Beitrag über den Lamplwirt wäre nicht vollständig ohne den

Aufgang beim Lamplwirt in der Oberstadt

Hinweis auf seine tüchtigen Familienangehörigen, die Wirtin mit dem Kochlöffel in der Hand und die liebenswürdigen Töchter, die die Gäste bedienten. Loesch hat ihnen ein bleibendes literarisches Andenken gesetzt.

Außerdem muss festgehalten werden, dass nicht nur das Lampl den Künstlergästen als Unterkunft diente. Gepflegte Gastlichkeit gab es auch in anderen Gasthöfen der Stadt, z. B. beim Nussbaumer (Rauterstube) und bei der Goldenen Rose. Der Rosenwirt Jakob Kargruber war in dieser Zeit Bürgermeister der Stadt Klausen.

Ab 1879
Moderne Infrastrukturen werden errichtet.

Trotz aller romantischer Bestrebungen der damaligen Künstlergäste war der technische Fortschritt in Klausen nicht mehr aufzuhalten. Mit dem Abriss der Tore und anderer Gebäude hatte man schon kräftige Vorarbeit geleistet. Gegen Ende des Jahrhunderts kam es zur Errichtung der verschiedenen Infrastrukturen, die das Leben in Klausen stark erleichtert haben: Trink- und Löschwasser, Kanalisierung, elektrisches Licht, Industriebetriebe u. a. m.

Die öffentlichen Brunnen hatten als Wasserversorger ausgedient, als im Jahre 1879 die Stadt mit einer Trinkwasserleitung versorgt wurde. Bedauerlicherweise hatte man vorerst nicht an Hydranten für ausreichendes Löschwasser gedacht. Auf Druck der Feuerwehr wurde dies aber zehn Jahre später nachgeholt (Gasser, Chronik der Freiw. Feuerwehr Klausen, 2001). Mit der modernen Wasserversorgung verschwand eine städtische Einrichtung, die Jahrhunderte lang wichtige Dienste geleistet hatte: die „Stadtwiere".
Dieser offene Kanal wurde vom Tinnebach gespeist. Er floss durch den heutigen Säbener Aufgang, unterquerte außerhalb des Bozner Tores die Stadtgasse und führte durch die Mühlgasse bis zum Eisack. Das fließende Wasser wurde nicht nur von den vielen Handwerkern und Gewerbetreibenden benötigt, sondern auch von den Frauen, die sich an einem großen Trog in der Mühlgasse regelmäßig zum Waschen eingefunden haben. Die jüngsten Fotos und Abbildungen dieser „Wiere" stammen aus der Zeit um 1900 (im Bereich Gerbergasse). In der Mühlgasse sollen Teile der „Wiere" noch in den Zwanzigerjahren bestanden haben.
Ein bedeutender Fortschritt war auch die Installation des elektrischen Lichtes. Um eine elektrische Straßenbeleuchtung in Klausen zu reali-

Die „Wiere" in der Mühlgasse (um 1913)

sieren, wurde 1903 ein Vertrag mit dem Brixner E-Werk in der Rundl beschlossen. Für die Versorgung mit elektrischem Strom wurden bis zum 1. Weltkrieg verschiedene E-Werk-Konsortien gegründet und Projekte geplant. Die ersten Privatgebäude waren sicherlich schon vor dem Krieg an das Stromnetz angeschlossen.

Mit dem elektrischen Licht ging eine weitere nostalgische Ära der Klausner Vergangenheit zu Ende: der Klausner Nachtwächter hatte im Jahre 1907 ausgedient.

Die Industrialisierung, die damals in Europa die Arbeitswelt vollständig neu strukturierte, setzte sich in Tirol eher zögerlich durch. Traditionsgemäß dominierten in den Zentren Kleingewerbe und Handel, während in der Peripherie einzig und allein die Landwirtschaft Arbeit bot. Die Eröffnung der Lodenfabrik Scheidle im Jahre 1884 muss daher als großer Fortschritt angesehen werden. Sie war bis 1988 in Betrieb.

Ab 1880
Alle Burgruinen um Klausen finden einen Käufer.

Die ehemaligen Adelssitze rund um Klausen waren kurz vor 1900 in einem erbärmlichen Zustand. Einige waren durch Brände zerstört, andere wiederum an einheimische Landwirte verkauft worden. Diese kümmerten sich verständlicherweise herzlich wenig um den historischen Baubestand, sondern benutzten die riesigen Anlagen als Lagerschuppen.

Die Zeit der Romantik brachte einen Umschwung. Für gewisse Kreise muss der Besitz einer Burg ein erstrebenswertes Ziel gewesen sein, auch wenn es sich nur um eine Ruine handelte. Es ist kein Zufall,

Schloss Garnstein nach dem Wiederaufbau

dass eine Reihe von „Kaufinteressierten" gleichzeitig Lamplgäste waren. Als Burgherr konnte man ein Stück Mittelalter und eine längst vergangene Ritterromantik wieder aufleben lassen. In den damals entstehenden bayrischen Schlössern des König Ludwig hatte man ein entsprechendes Vorbild.

• Ignaz Vinzenz Zingerle kauft im Jahre 1880 vom Schlosserbauer Michael Kasseroler Schloss Summersberg in Gufidaun. Er hatte vorher schon Branzoll im Visier, jedoch waren die „konservativen" Klausner nicht zum Verkauf bereit. Mit Hilfe des Lamplwirtes wurde er jedoch in Gufidaun fündig. Nach dem Vorbild des König Artus aus der germanischen Mythologie richtete Zingerle auf Summersberg eine Tafelrunde mit 12 Geladenen ein, sandte den Auserlesenen auf Pergament gemalte Diplome, wobei sie *zem genozen der tavelrunde ze Gufidun erkorn und ernennet* wurden. Manchmal ließ Zingerle sogar mittelalterliche Spielereien nachvollziehen. Dabei wurde die Rüstkammer geplündert und die Gäste wurden in Harnisch und Helm mit Sprüchen aus der Waltherzeit am Burgtor empfangen.
• Im gleichen Jahr erwarb der preußische Generalleutnant Friedrich von Gerstein – Hohenstein Schloss Garnstein und bezahlte dafür eine beträchtliche Summe an den bäuerlichen Besitzer. Die bauliche Umgestaltung erfolgte ganz im Sinne von Neuschwanstein.
• Drei Jahre später wechselte auch die Koburg in Gufidaun Besitzer. Auf Betreiben Zingerles erwarb sie sein Freund, Universitätsprofessor Tobias von Wildauer aus Innsbruck.
• Es folgt im Jahre 1894 Schloss Anger. Der neue Besitzer, Arthur von Wallpach, macht die Burg zu einem beliebten Treffpunkt für Künstler und Literaten.
• Der Brixner Bischof schenkte im Jahre 1874 die Burgruine Branzoll der Stadt Klausen. Sie bereitete der Stadt mehr Ärger als Freude, da die Häuser der Unterstadt durch herunterfallende Steine bedroht

waren. Dr. Otto Piper kaufte die Ruine 1895 und begann mit den Umbauarbeiten, die unter den späteren Besitzern fortgeführt worden sind. Der Ausbau von Schloss Branzoll kann als musterhaft bezeichnet werden und gilt als exzellentes Beispiel der damaligen europäischen Burgenrenaissance.

- Der letzte Burgenkäufer ist Carl Gottfried Müller-Coburg. Er kam 1899 zum ersten Male nach Klausen, erwarb den Ansitz Neidegg und ließ sich dort nieder.

1881
Die Stahlbrücke über den Eisack wird gebaut.

Jahrhunderte lang hatte der schmale Steg durch den Brückenturm hinüber zur Bärburg als Eisackbrücke seinen Dienst versehen. Die Zunahme des Verkehrs machte nun einen Neubau nahezu unausweichlich, vor allem, nachdem in Griesbruck der Bahnhof errichtet wurde.

Mit der Planung der neuen Brücke begann man im Jahre 1875. Bald wurden Stimmen laut, sie nicht bei der Pfarrkirche zu bauen, sondern weiter flussaufwärts (beim Kalten Keller). Dagegen gab es allerdings heftigste Proteste, *weil die Stadt durch diese Verlegung größten Schaden erleiden würde.* (Künstlerkolonie Klausen). Eine finanzielle Beteiligung der Stadt käme nur dann in Frage, wenn die Brücke im Zentrum gebaut würde. Bis zu ihrer Fertigstellung war es aber noch ein langer und beschwerlicher Weg, der etliche weitere Abrisse von alten Baulichkeiten erforderlich machte.

1880 entstand der Kirchplatz in seiner heutigen Form. Dabei verschwand das Seilerhaus am Eck zur Oberstadt und ein weiterer Stadtturm, der Archiv- oder Schulturm am Eisackufer. Damit hatte man von den vier ehemaligen Stadttürmen drei abgerissen. Als einziger konnte der Brückenturm in der Färbergasse bis heute erhalten werden.

Im Archivturm hatten die Klausner *„ihr Zeug darinnen"*, wie im Urbar von 1485 beschrieben. Dabei handelte es sich nicht nur um das wertvolle Archiv der Stadt, sondern auch um eine einmalige Waffensammlung aus dem Mittelalter. Den wertvollsten Teil bildete eine Sammlung von 59 großen Schilden. Durch Jahrhunderte hindurch wurde diese Sammlung mit Sorgfalt verwahrt, bis sie 1880 zu einem Schleuderpreis verkauft wurde. Heute können diese kostbaren Stücke in vielen bedeutenden Museen der Welt bewundert werden.

Der Name Schulturm wird davon abgeleitet, dass an den Turm zur Stadtseite hin ein Haus mit Hofraum angrenzte. Dieses Haus benutzte die Stadt von 1485 an bis in das 17. Jahrhundert als Schule.

Die Stahlbrücke aus dem Jahre 1881. Sie diente bis 1957.

Nach Beseitigung aller Hindernisse wurde 1881 die Stahlbrücke über den Eisack gebaut. Dabei wurde ein Kapital von 44.311 Kronen investiert. Um Kapital und Zinsen abzahlen zu können, entstanden auf der Stadtseite am Brückenkopf ein kleines Mauthaus und eine Brückenwaage. Sobald die Mautlizenz ausgelaufen war, wurde das Häuschen verkauft, abgerissen und 1933 durch den Neubau Fill ersetzt.

23. September 1900
Dürerfeier beim Lamplwirt

400 Jahre hatte es gedauert, bis der Hintergrund auf Dürers Nemesis als Klausen erkannt wurde. Der Königsberger Professor Haendcke wies auf die Ähnlichkeit hin. Innerhalb der Künstlergilde in Klausen muss diese Nachricht wie eine Bombe eingeschlagen haben.
Mit Hilfe eines Spiegels ermittelten die Klausner nun den Standpunkt, von wo aus Albrecht Dürer das Aquarell für seinen bekannten Kupferstich geschaffen hatte. Gleichzeitig wurden Spendengelder für die Errichtung eines Denkmals gesammelt. Die Einweihung des „Dürersteins" erfolgte am 18. August 1912 (siehe dort).
Am 23. September 1900 fand beim Lamplwirt eine Dürerfeier statt. Dabei wurden zwei Gemälde enthüllt, eine Nachbildung der Nemesis und ein Selbstbildnis Dürers, gemalt von Hans Rabensteiner.
In der „Innsbrucker Nachrichten" wurde diese Feier folgendermaßen gewürdigt (gekürzt):
Dass unser großer Albrecht Dürer einmal in Klausen gefeiert werden würde, hätte er sich gewiss nicht träumen lassen. . . . .
Im Gastzimmer des Lampls war schon eine stattliche Reihe Bilder berühmter Männer, die für Klausen besondere Bedeutung hatten. Hier sollte nun auch Albrecht Dürer eingereiht werden. Im Herbste des Jahrs fand die

Brückenwaage vor der Pfarrkirche (um 1900)

feierliche Enthüllung des Bildes statt. Das Gasthaus beherbergte um diese Zeit viele Deutsche aus allen Gauen des Reiches. Dazu kam noch eine große Schar von Teilnehmern aus den nahen Städten Brixen und Bozen.

Die Festrede, die das ganze Wirken Albrecht Dürers und das kerndeutsche Wesen seiner Kunst beleuchtete und der ganze Gang der Feier wurden zu einer wirkungsvollen Kundgebung für das Deutschtum an seiner südlichsten Grenze.

Vor einem dunklen, hübsch gefalteten Stoffe, der von reizenden, aus einer alten Kirche stammenden Putten gehalten war, stand die Staffelei mit dem Dürerbildnis, umgeben von grünen Pflanzen, darunter gerahmt der Dürersche Stich. Die 17jährige Enkelin Kantiolers, ein feines schlankes Kind in weißem Kleide, enthüllte in sittiger Befangenheit die Gedächtnistafel. Prächtige gesungene Lieder eines Münchner Sängers wechselten mit Vorträgen der Klausner Kapelle und schließlich gab es noch ein fröhliches Tänzchen bis in die späten Nachtstunden.

Die Festrede klang damals aus in die Worte: „Es lebe deutsche Art und deutsche Kunst! Und es lebe das alte liebe Klausen, das schon Albrecht Dürer zu entzücken vermochte und das allezeit deutscher Art und deutscher Kunst ein treuer Hort gewesen ist!" Möge es wahr bleiben.

1906
Bau der Promenade am Eisackufer

In Klausen reagierte man immer sensibel, wenn der Durchgangsverkehr aus der Stadtgasse ausgelagert werden sollte. Dies geschah nach dem Bau der Eisenbahn, beim Bau der Eisackpromenade und vermutlich noch vehementer beim Bau der Umfahrungsstraße in den Dreißigerjahren. In jüngerer Vergangenheit war die Einführung der Fußgängerzone in der Altstadt umstritten.

Das Große Glück von Albrecht Dürer. Klausen bildet den Hintergrund des Kupferstiches.

Die Feuerwehr forderte schon vor 1900 die Errichtung eines Weges am Eisackufer parallel zur Oberstadt (die heutige Promenade), weil die Brandbekämpfung durch das Eisackwasser erleichtert würde.

Die Idee wurde 1902 vom damaligen Verschönerungsverein wieder aufgegriffen. Die neue Straße am Fluss sollte Klausen touristisch aufwerten. Die Bewohner der Oberstadt betrieben gegen dieses Projekt heftigste Opposition. Man befürchtete nicht nur eine Enteignung der flussseitigen Gärten und eine Wertminderung dieser Liegenschaften, sondern allgemein wirtschaftliche Nachteile, die einen vollständigen Ruin für die Hälfte der Stadt bringen würden.

Durch den Bau dieser Straße stellt man uns den jetzt schon äußerst schwachen Verkehr gänzlich ein, wodurch unsere Besitzthümer zum größten Theile unterbewertet werden. Was nützt uns ein Geschäft? Ein Gewerbe, wenn Niemand unsere Straße pasiert? Der Verschönerungsverein verspricht uns dadurch großen Fremdenverkehr zu erzielen, sowie auch Feuersicherheit (!) und dergleichen, vorerst müssen aber große Bauten aufgeführt werden, die Fremden unterzubringen, damit denselben nicht die Straße allein zu Gebote steht. (Gasser in: Künstlerkolonie Klausen).

In dieser Auseinandersetzung haben sich die Befürworter der Promenade durchgesetzt. 1906 konnte sie fertig gestellt und eingeweiht werden.

6. September 1908
Einweihung von zwei Denkmälern

Zur Erinnerung an die Franzosenkriege, die 100 Jahre vorher stattgefunden hatten, wurden an diesem Tage zwei Denkmäler eingeweiht, das Relief für Bürgermeister Perlath (von Valentin Gallmetzer) an der Außenseite der Pfarrkirche und das Standbild für Pater Joachim

Haspinger (von Josef Piffrader). Zu den Feierlichkeiten waren rund 6.000 Menschen erschienen, darunter auch Seine k. und k. Hoheit Erzherzog Eugen.

Perlath hatte während der Franzosenkriege die Stadt vor Zerstörungen gerettet (siehe 5. Dezember 1809), der gebürtige Gsieser Haspinger war Kapuzinerpater in Klausen und gilt als einer der wortgewaltigsten Anführer im Tiroler Freiheitskampf. Als Hauptmann der Latzfonser Schützen führte er im Mai 1809 zehn Kompanien aus dem Klausner Raum über den Brenner zur Schlacht am Bergisel.

Das Perlath-Relief an der Pfarrkirche befindet sich bis heute an der gleichen Stelle, der streitbare Kapuziner musste sich hingegen einen definitiven Standplatz erst erwerben. Sein erster Standort war der Platz neben dem Gallmetzer Haus am Pfarrplatz. Als man während des 1. Weltkrieges die Promenade auch als Straße benutzte, stand am unteren Ende das „sperrige" Denkmal wohl im Wege. Daher wurde es im Jahre 1917 auf den Platz vor das Gerichtsgebäude verlegt. Anlässlich des 9. Bezirksschützenfestes am 29. / 30. August 1992 bekam Haspinger seinen derzeitigen und hoffentlich endgültigen Standplatz im Kapuzinergarten. Das Denkmal ist entsprechend gewichtig: der Sockel (aus Lajener Porphyr) wiegt ganze 6,4 Tonnen und das mehr als 2 m hohe Standbild weitere 413 Kilogramm.

1908 fanden in ganz Tirol Feierlichkeiten anlässlich des 60jährigen Regierungsjubiläums von Kaiser Franz Josef statt, die sich nahezu über das ganze Jahr verteilten. Zur Erinnerung an das denkwürdige Ereignis erging vom Forstverein für Tirol und Vorarlberg ein Aufruf an alle 992 Städte und Gemeinden, einen Jubiläumsbaum zu pflanzen.

In Klausen befolgte man den Aufruf und pflanzte am 5. Mai 1908 unterhalb der Tinnebrücke eine Linde. Der als Kaiserlinde bezeichnete Baum steht heute noch.

Der älteste Standort des Haspinger – Denkmals auf dem Pfarrplatz.

18. August 1912
Die große Kaiser-Jubiläums-Feier.

Über diese Feierlichkeit berichtet die Zeitung „Neue Tiroler Stimmen".

Frühzeitiger als sonst war das Städtchen Klausen am 18. August zur Feier des 83. Geburtstages unseres erhabenen Monarchen von Menschen belebt. Um halb 9 Uhr fand der feierliche Einzug in die Pfarrkirche zum Kaiseramt statt, an welchem sich die Beamten sämtlicher k. und k. Behörden von Klausen, der Stadtmagistrat, die Standschützen, der Veteranenverein, die Reservistenkolonne und der kath. Arbeiterverein beteiligten.

Nach dem festtäglichen Gottesdienst versammelten sich die Beamten, Vereine, die hier anwesenden Künstler, viele Fremde und Bürger auf dem Kirchplatz, um in feierlichem Zuge, voran die Musik, den Berg hinan zum neu errichteten Dürer-Gedenkstein zu ziehen. Der Dürerstein steht 15 Minuten oberhalb Klausen am Wege nach Layen auf einem Plätzchen, von welchem man einen herrlichen Blick auf das malerisch lieblich gelegene Klausen hat. Hier, auf diesem Lieblingsplätzchen des berühmten Malers Albrecht Dürer zeichnete derselbe Klausen um das Jahr 1500.

Heute war die Stele festlich geschmückt. Der Obmann des Gedenkstein-Komitees Herr Bürgermeister Valentin Gallmetzer hielt eine Ansprache, in welcher er den Lebenslauf des berühmten Meisters schilderte und besonders dessen Begeisterung für das malerisch gelegene Städtchen Klausen hervorhob. Hierauf übergab er den Gedenkstein, der auf Anregung des Künstlerkomitees und aus dessen Spenden hervorging, durch den Obmannstellvertreter des Verschönerungsvereins, Dr. Brunner, in die Obhut des Verschönerungsvereins Klausen.

Nach einer weiteren Ansprache des Herrn Dr. Brunner brachte Herr Gallmetzer ein dreifaches „Hoch" auf Seine Majestät aus, während die Musik die Volkshymne intonierte.

Nach der Feier fand in Herrn Schieders „Hotel Walther von der Vogelweide" im Beisein sämtlicher Vereine und Spitzen der Behörden das Frühschoppen-konzert statt. Abends war Kaiserfeier im Hotel „Alte Post", während dem Klausen in festlicher Stimmung lag. Allerorten flackerten bengalische Feu-er empor und beleuchteten mit ihrem Grün und Rot märchenhaft einzelne Partien des Städtchens, vor allem das oberhalb von Klausen gelegene Schloss Branzoll. So endete der wirklich schön und feierlich begangene Kaisertag in Klausen. „Seine Majestät unser Kaiser lebe hoch!"

1913
Erste Handwerkerschau in Klausen.

Im Wirtschaftsleben der Stadt hat das Handwerk immer eine bedeu-tende Rolle gespielt. Die vier Zunftstangen in der Pfarrkirche aus der 2. Hälfte des 18. Jahrhunderts erinnern daran (Gerber, Färber, Metall- und Holzverarbeitung).
Im Jahre 1913 veranstaltete das Klausner Handwerk eine groß ange-legte Schau. Das Einladungsplakat und das Gästebuch sind im Stadt-archiv noch erhalten.
Leider sind die alten Werkstätten im Stadtgebiet durch die moderne Arbeitstechnik bis auf wenige Ausnahmen verschwunden.

1915
Bau der Grödner Bahn (Aus dem Gebietsführer Lajen des Autors)

Das alte Heizhaus am Bahnhofsgelände von Klausen ruft die Erin-nerung an eine technische Meisterleistung wach, die in einer sehr be-wegten Zeit realisiert wurde: die Grödner Bahn.

Der Bau einer Eisenbahn nach Gröden war schon etliche Jahrzehnte vor dem 1. Weltkrieg im Gespräch. Die Ideen, Gröden auf dem Schienenwege über Kastelruth oder über Lajen und Gufidaun mit der Brennerlinie zu verbinden, ja sogar eine Bahnlinie über die Dolomitenpässe bis nach Cortina zu erbauen, kamen aber über ein Planungsstadium nie hinaus.

Aktuell wurde der Bahnbau erst wieder, nachdem der 1. Weltkrieg ausgebrochen war. Im Mai 1915 erklärte Italien an Österreich den Krieg. Die Frontlinie lief bekanntlich quer durch die Dolomiten. Ein Bahnbau hatte somit nicht nur verkehrstechnische und touristische Bedeutung, sondern auch eine höchst strategische. Die Trassenfrage fiel zugunsten der Linie Klausen - St. Ulrich aus, sie stellte die kürzeste Verbindung dar. Gröden war damals eine wichtige Nachschublinie für die k. und k. Armee an der Südfront.

Natürlich war höchste Eile geboten. Die Bauarbeiten begannen am 12. September 1915. Am 28. November 1915 traf die erste Zuggarnitur in St. Ulrich ein. Knapp einen Monat später, nämlich am 23. Dezember 1915, erreichte der erste Güterzug die Station Plan (hinter Wolkenstein), von wo aus Seilbahnen Richtung Front weiterführten.

Piero Muscolino schreibt in seinem Buch „Die Dolomiten Schmalspurbahnen" über den Bau dieser Bahnlinie: *Von vier über die Strecke verteilten Baustellen, von denen aus in beide Richtungen gearbeitet wurde, arbeiteten vier Kolonnen mit je 25 Lastkraftwagen, die das nötige Material anschafften. Die Gesamtleitung oblag einem speziellen Militärkommando unter der Leitung von Oberst Julius Khu. Die technische Leitung oblag Dipl. Ing. Dr. Leopold Oerley. Beim Bahnbau waren bis zu 10.000 Männer eingesetzt, darunter 500 Zivilisten, 3.500 Soldaten und an die 6.000 russische Kriegsgefangene.*

Die großen Opfer, welche die russischen Soldaten erbringen mussten, waren unbeschreiblich. Die unzureichende Bekleidung schützte kaum vor der bitteren Kälte, die schlechte Verpflegung und der beißende

Hunger machten die Strapazen der harten Arbeit schier unmöglich. Unzählige der Kriegsgefangenen starben an Unterernährung und Erkältung, bis die Bahnlinie im Juli 1916 fertig gestellt war. In der Erinnerung der Klausner und der Grödner Bevölkerung blieben die harten Entbehrungen der russischen Gefangenen zwar noch lange wach; die Kriegsereignisse und die politischen Umwälzungen ließen diese aber allmählich vergessen.

Nach dem Kriege wurde die Grödner Bahn zum Transportmittel für den Personenverkehr. Die Bahn war nicht schnell, dafür aber sicher, pünktlich und verlässlich. In den Fünfzigerjahren trat jedoch das Automobil immer mehr seinen Siegeszug an. Die nostalgische Bahn war da nicht mehr konkurrenzfähig. Ihre Geschwindigkeit war äußerst mäßig, die Fahrzeit für die 31 km von Klausen bis nach Plan betrug mehr als 2 Stunden. Ein zusätzliches Hindernis waren auch die 116 (!)

Russische Kriegsgefangene beim Bau der Grödner Bahn in Klausen.

schienengleichen Bahnübergänge. Zwar betrafen die meisten nur Fußgängerwege, immerhin überquerte aber auch die Grödner Talstraße insgesamt 14mal den Bahnkörper. Wen wundert es, dass der Druck, den Bahnverkehr aufzulassen, immer größer wurde?

Trotzdem war es ein Tag der Trauer, als am Sonntag, den 28. Mai 1960, die Grödner Bahn ihre letzte Fahrt antrat. Aber lassen wir wieder Piero Muscolino zu Wort kommen: *Die Bahn war mit weißen und rosa Bändern, Blumen und Tannenzweigen sowie einem melancholisch schwarzen Band geschmückt. Sie fuhr um 19.10 in Klausen ab. Die Garnitur bestand aus drei Personenwagen, welche vollkommen überfüllt waren. In jeder Haltestelle wurde der Zug von der traurig gestimmten, gerührten Bevölkerung verabschiedet. Um 20.40 Uhr kam der Zug in St. Ulrich an, wo er von mehr als 2000 Personen, den Lokalbehörden und der in Tracht ausgerückten Musikkapelle tief bekümmert zum letzten Gruß empfangen wurde.*

Die Schienen auf dem Bahnkörper wurden bald entfernt. Im Jahre 1965 zerstörte der Hochwasser führende Grödner Bach die alte Talstraße von Waidbruck nach St. Ulrich. Umgehend wurde eine provisorische Zufahrt auf dem ehemaligen Bahnkörper nach Gröden eingerichtet. Ein Ausbau dieser Straße erfolgte 1969 - 1970 anlässlich der alpinen Schiweltmeisterschaften in Gröden.

Seither sind fast alle Erinnerungen an die ehemalige Bahn verschwunden. Sichtbar sind noch die Remise und der Viadukt in Klausen, der Hötzendorf-Viadukt mit dem Adler (Denkmal an Conrad von Hötzendorf, Oberbefehlshaber der k. und k. Truppen an der Südfront) bei km 4,3 neben der heutigen Straße und eine Lokomotive in St. Ulrich. Die Dampflokomotive, die am Bahnhofsgelände in Klausen steht, stammt hingegen nicht von der Grödner Bahn, sondern von einer anderen italienischen Bahn mit Normalspurweite.

In der Erinnerung der Bevölkerung lebt die Bahn noch fort. Gestandene Herren aus Klausen oder Lajen erzählen heute noch, wie sie als Lausbuben die Schienen der Bahn mit Schmierseife schlüpfrig ge-

Eine Garnitur der Grödner Bahn in Gröden.

macht haben, so dass die Lokomotive trotz heftigen Pustens keinen Zentimeter vom Fleck kam. Da musste dann das Bahnpersonal etwas Sand zur Vergrößerung der Reibung zwischen Rad und Schiene bringen. Ein großer Spaß war es ferner, in den Tunnels auf den offenen Plattformen der Waggons zu stehen. Ganze Rußschwaden aus dem Kamin der Zugmaschine flogen durch die Luft.

November 1918
Rückzug der österreichischen Truppen – Ende des 1. Weltkrieges

Mit dem Ausbruch des 1. Weltkrieges wurden die Wehrpflichtigen zum Kriegsdienst einberufen. Das Kriegerdenkmal in Klausen erinnert daran, dass 21 von ihnen nicht mehr zurückgekehrt sind. Sie fielen an den verschiedensten Kriegsschauplätzen an der Ost- und Südfront.

In Klausen selbst hatte man durch den Bau der Grödner Bahn einen direkten Kontakt zu den Kriegsereignissen. Schwerer zu schaffen machten der Bevölkerung aber die Begleitumstände des Krieges, vor allem die Nahrungsmittelknappheit und die daraus resultierende Unterernährung sowie die galoppierende Inflation.

Da die Frontlinien weit entfernt lagen, blieb es während der Kriegsjahre in Klausen verhältnismäßig ruhig. In den ersten Novembertagen des Jahres 1918 änderte sich dies schlagartig. Die k. und k. Armee löste sich auf, der Rückzug erfolgte gänzlich unkontrolliert und chaotisch, es kam zu Plünderungen und Brandschatzungen. Es war die Feuerwehr, die durch ihr Eingreifen in Klausen das Schlimmste verhindern konnte.

Am 4. November zehn Uhr vormittags musste die Feuerwehr alarmiert werden, um die Ordnung durch Aufstellen von Wachen, Posten und Wegweisern einigermaßen aufrecht zu erhalten und ein Niederbrennen der Stadt mit allen Kräften zu verhindern. Die Dampfspritze wurde durch fünf Nächte ununterbrochen unter Dampf gehalten und eine verstärkte Feuerwache noch durch viele Nächte freiwillig zusammengestellt. Es waren dies sicherlich die schwersten und gefahrvollsten Tage, die die Bürgerschaft Klausens je durchzumachen hatte. Die Feuerwehr hatte ihre Aufgabe hiebei durch unermüdliche Betätigung und trotz der fast unüberwindlichen Hindernisse und Gefahren glänzend gelöst, so dass die Stadt vor größeren Übeln fast gänzlich verschont blieb. Durch energisches Eingreifen wurde auch das Niederbrennen des Grödner Bahnhofes in der Nacht vom 5. auf den 6. November verhindert. (Gasser)

Die Ankunft der italienischen Truppen im November 1918 traf nicht nur die Klausner, sondern alle Südtiroler völlig unvorbereitet. Erst während der Friedensverhandlungen im darauf folgenden Jahr wurde es allmählich klar, dass man fortan einem anderen Staate angehören würde. Als die österreichische Krone durch die italienische Lira ersetzt wurde, war nicht nur die politische, sondern auch die wirtschaftliche Angliederung an Italien Wirklichkeit.

3. Zeitabschnitt: 1919–1945

Klausen in der Zwischenkriegszeit und während des 2. Weltkrieges

Am 10. Oktober 1920 erfolgte die endgültige Annexion Südtirols an Italien. Die erste Zeit war von Toleranz gegenüber den eroberten „Fremdstämmigen" gekennzeichnet. Diese demokratische Periode währte jedoch nur wenige Jahre. Bald kam es zur Machtergreifung durch den Faschismus und damit zur Unterdrückungspolitik für das deutsche Volkstum in Südtirol.

Diese sah eine Reihe von einschneidenden, staatlich verordneten Maßnahmen vor. Dazu gehörten die Einsetzung italienischer Amtsbürgermeister (podestà), das Verbot der deutschen Schule, die Einführung der ausschließlich italienischen Orts- und Straßennamen, die Entlassung der deutschsprachigen Beamten und deren Ersetzung durch Italiener, die Förderung der italienischen Zuwanderung durch eine großzügige Wohnbaupolitik und sogar die Übersetzung von deutschen Familiennamen.

Gegen Ende der Dreißigerjahre kam es zu einer politischen Annäherung des faschistischen Italien an das Deutsche Reich. Diese Entwicklung brachte die Option, die schmerzvollste Epoche der jüngeren Vergangenheit, und damit die Abwanderung Tausender Südtiroler.

Es folgten der 2. Weltkrieg und nach der Entmachtung Mussolinis (1943) die Abhängigkeit Südtirols vom Deutschen Reich im Rahmen der „Operationszone Alpenvorland". In den letzten Kriegsmonaten wurde Klausen wegen seiner Lage an der Hauptstrecke zwischen Nord und Süd zum Ziel von alliierten Bombenangriffen.

Bei der Kapitulation der Deutschen Wehrmacht im Frühjahr 1945 waren große Teile Europas ein unübersehbares Trümmerfeld.

Begebenheiten im Zeitraum zwischen 1919 und 1945

18. Februar 1919
Vorbereitungen zu einer italienischen Sprachschule

Nach den Kriegsjahren nahm die Schule im Winter 1818/19 wieder ihren normalen Betrieb auf. Die Unterrichtssprache blieb vorerst deutsch, da Italien das Versprechen hielt, die „Fremdsprachigen" großzügig zu behandeln. Weniger gut bestellt war es mit dem Schulbesuch, da viele schulpflichtige Kinder zu Hause dringend zur Mithilfe benötigt wurden (Blasbichler Augschöll).

Unabhängig vom normalen Schulbetrieb wollten staatliche Stellen die Kenntnis der italienischen Sprache fördern. Am 18. Februar 1919 wurde mit folgender Bekanntmachung in fehlerhaftem Deutsch für eine italienische Sprachschule geworben.

> ### *Bekantmachung*
> *Es wird hiemitt bekannt gemacht, dass nach erhaltenen befehl die im Clausen wohnenden Bevölkerung, das vorbereitungen zur einführung einer freie Italienische Sprachschule gemacht werden. Die genante Schule wird für ein jedermann frei und offen stehen und zwar in folgender weise un zeit:*
> *I. Vohrmittag: Die Schulstunde ist noch zu bestimmen. Für Fräulein und Kinder von alter 6 bis 10 Jahren.*
> *II. Abends: Die Schulstunde ist auch noch zu bestimmen. Für Männer und Kinder in begleitung von Eltern oder sonst von jemand begleitet.*

> *Wer sich geneigt findet diese Schule besuchen bittet mann höflichst sich bei der in Clausen befindlicher Italienischer Militär-Komando zu melden, von Morgens 10 bis 12 uhr jeder Tag. Einschreibungen können auch beim Hochverehrter Herrn Dekan Moser gemacht werden.*
>
> *Clausen den 18 Februar 1919*
> *Der Maior Stationskomand*

Diese Bekanntmachung liegt im Stadtarchiv Klausen auf, die Fehler sind von Frühmesser Pernthaler mit einem dicken roten Stift verbessert worden.

9. August 1921
Größte Unwetterkatastrophe der Klausner Geschichte

Hochwassergefahr gab es in Klausen in der Vergangenheit immer wieder. Vor allem der Tinnebach konnte zum reißenden Strom anschwellen und bedrohte die Stadt in regelmäßigen Abständen. Genau so gefährlich waren aber auch kleinere Zuflüsse, z. B. der Tuschenbach in Griesbruck.

Aus dem 18. Jahrhundert ist uns folgende Katastrophe überliefert (Gasser): *Am 31. August 1757 hauste der Eisack mit seinen Wildbächen fürchterlich in der Gegend von Brixen, Klausen und Bozen. Zahlreiche Felder und Gründe wurden überflutet und fortgerissen, Häuser und Brücken wurden beschädigt oder fortgeschwemmt; die Straße wurde streckenweise vernichtet. Bei Schloss Anger riss der Eisack einen 120 Bergklafter langen und 15 Bergklafter breiten Streifen fruchtbaren Landes weg und legte an dem rechten Ufer ein noch längeres Gries an. Der Eisack hat damals an die*

Spitalwiesen rückerstattet, was er ihnen im Verlaufe von vier Jahrhunderten widerrechtlich genommen und dadurch, wie es im Volke heißt, den ersten Jubiläumsablass gewonnen. Das Spital nebst den anliegenden Wiesen und Feldern stand unter Wasser. Etwas glimpflicher kam die Stadt davon. Zwar schwammen in der Apostelkirche die Stühle, aber keine Wohnung, mit Ausnahme des Gerberhauses, wurde merklich beschädigt.

Von der bislang verheerendsten Unwetterkatastrophe wurde die Stadt am Abend des 9. August 1921 heimgesucht. Nach einem furchtbaren Unwetter schwoll der Tinnebach zu einer gewaltigen Schlammlawine an, die alles unter sich begrabend zu Tale stürzte und an der Einmündung in Klausen das Flussbett des Eisacks vermurte. Innerhalb von einer halben Stunde bildete der Eisack einen Rückstau, der noch zwei Kilometer weiter flussaufwärts spürbar war. Im Stadtgebiet selbst stieg der Fluss in kürzester Zeit um nahezu zehn Meter an. Wie hoch der Wasserpegel war, lässt sich an Markierungen ablesen, die an verschiedenen Gebäuden in der Stadt angebracht sind, wie etwa bei der Volksschule, in der Färbergasse, an der Pfarrkirche, am Widum, am Ansitz Griesburg, an der Kapuzinerkirche usw.

Wie durch ein Wunder gab es nur zwei Todesopfer zu beklagen. Im Stadtspital (heutiges Rathaus) ertrank im Erdgeschoss eine ältere Frau und auf der Frag wurde ein Mann, der sich nicht mehr in das Obergeschoss retten konnte, Opfer der Katastrophe. Erschütternd mutet die Rettung der Frau Maria Pfeifer an, die in einem Häuschen knapp am Tinnebach wohnte. Sie hängte sich mit den Händen an eine Tür, während sie bis zur Brusthöhe von den Schlammassen verschüttet wurde. Erst um sieben Uhr morgens gelang es, sie aus ihrer misslichen Lage zu befreien.

Zwei Tage lang war Klausen von der Außenwelt vollkommen abgeschnitten. Erst danach konnten die Verkehrsverbindungen behelfsmäßig frei gemacht werden. Die Schäden an Hab und Gut waren enorm, die Aufräumarbeiten zogen sich über zwei Jahre hin. Das Flussbett des Eisack musste neu angelegt und der Tinnebach frei geschaufelt werden. Da Sprengungen wegen der gewaltigen Stein- und Geröllmassen nichts ausrichteten, mussten die Arbeiten von Menschenhand erledigt werden. Dabei wurden 200.000 m³ Erdmaterial bewegt und 6.000 m³ Schutzbauten errichtet. Die Gesamtkosten beliefen sich auf rund 4,5 Millionen Lire (1923). 60% der Summe übernahm der Staat, der Rest wurde auf die Provinzverwaltung und die betroffenen Gemeinden aufgeteilt.

Zur Behebung der Schäden stellte auch der ehemalige österreichische Kaiser Karl Geldmittel zur Verfügung. Bürgermeister Valentin Gallmetzer nahm diese in Empfang und informierte den staatlichen Zivilkommisär in Bozen. Dieser erteilte Gallmetzer einen strengen Verweis. Der Zweck der Spende wäre unverkennbar ein politischer und nicht ein humanitärer gewesen. Als (italienischer) Beamter hätte Bürgermeister Gallmetzer das Geld niemals in Empfang nehmen dürfen.

Eine Behelfsbrücke während der Überschwemmung 1921.

1922
Letzte demokratische Gemeinderatswahl vor dem Faschismus

In diesem Jahre wurden die letzten demokratischen Gemeinderats-wahlen vor dem Faschismus durchgeführt. Bis zu seiner Absetzung blieb Valentin Gallmetzer Bürgermeister (siehe 1926).

Ab 1923
Die Italianisierungspolitik des Faschismus

Nach dem „Marsch auf Rom" (Marcia su Roma) am 28. Oktober 1922 kam die faschistische Partei in Italien an die Macht. Mit zwei staatli-chen Dekreten, die in der Folge erlassen wurden, wurde die „Italiani-sierung" Südtirols vorangetrieben.
Eines betraf die Abschaffung der deutschen Schule (1. Oktober 1923). Bereits im Schuljahr 1923/24 wurden die Kinder der 1. Klassen nur mehr auf italienisch unterrichtet. Bis 1925 wurde dies auf die gesamte Volksschule ausgedehnt. Zwar waren anfangs einige „Anhangstunden" in Deutsch vorgesehen, sie wurden aber in den meisten Fällen von den staatlichen Behörden verhindert und bald gänzlich abgeschafft (Blas-bichler Augschöll).
Mit einem weiteren Dekret wurden die italienischen Ortsnamen ein-geführt und gleichzeitig die deutschen abgeschafft (29. März 1923). Ab sofort gab es nur mehr ein „Chiusa". Aus dem Handbuch der Süd-tiroler Ortsnamen von Dr. Egon Kühebacher geht hervor, dass der Name „Chiusa" nicht von Ettore Tolomei erfunden worden ist, son-dern bei den benachbarten Italienern bereits seit 1817 als so genanntes „Exonym" gebräuchlich war, so wie die Italiener heute Vienna, Mo-naco und Berlino an Stelle von Wien, München und Berlin sagen.

„Gudon" und „Lazfons" hingegen sind reine Erfindungen, die durch besagtes Dekret amtlich geworden sind.

Verdings hatte Tolomei offensichtlich vergessen, das heißt, dass der Name unverändert einsprachig deutsch geblieben ist. Erst in einem Zusatzdekret (1940) wurde die italienische Bezeichnung „Verdignes" geschaffen.

6. Mai 1926
Ernennung eines Podestà – Öffentliche Arbeiten während des Faschismus

An die Stelle des demokratisch gewählten Bürgermeisters trat mit Regierungsdekret Nr. 790 der erste „Podestà" der Klausner Geschichte. Es handelte sich um Achille de Cadilhac.

Unter seiner Amtsführung bekamen im Oktober 1926 die Straßen, Gassen und Plätze der Stadt offizielle italienische Bezeichnungen. Die Stadtgasse wurde zur „Via Nazionale", einige Jahre später zur „Via Roma". Auf einige Gebäude wurde der Ausspruch Mussolinis gemalt: Credere, obbedire e combattere (Glauben, Gehorchen und Kämpfen). An der Fragburg ist der Spruch heute noch lesbar, wenn auch stark verblasst.

Es muss anerkannt werden, dass es De Cadilhac (und seinen Nachfolgern) nicht nur um die Umsetzung der faschistischen Maßnahmen gegangen ist, sondern auch um das wirtschaftliche Wohl der Stadt. In Klausen entstand ein Fremdenverkehrsverein, damals natürlich als „Pro Loco" bezeichnet. Im Rahmen der Tätigkeit dieses Vereins engagierten sich namhafte Bürger (Johann Piffrader, Valentin Gallmetzer, Franz Sturm u.a.) und leisteten so einen wertvollen Beitrag zur Verschönerung ihrer Stadt. Die wichtigste Initiative

dieses „Pro Loco" war die Schaffung der Säbener Promenade in den Jahren 1927/28.

In der Epoche der faschistischen Podestà entstand auch das Schwimm-bad am Schindergries (1930), eine bis in die jüngste Vergangenheit hoch geschätzte Klausner Einrichtung. Die Bahnhofsstraße, die man von der Gemeinde Lajen übernommen hatte, wurde „sistemisiert" (Volksbote, 31. 5. 35). Darunter wird wohl ein Begradigen, Verbreitern und Pflastern zu verstehen sein. Für diese Arbeiten wurden 168.000 Lire ausgegeben. Pernthaler bemerkt dazu: *natürlich angeordnet vom podestà in Chiusa, ohne Befragung der armen Steuerzahler.*

Das größte Projekt, das in dieser Zeit realisiert wurde, war zweifels-ohne die Neutrassierung der Brennerstraße mit dem Tunnel unter Schloss Branzoll (siehe 1933).

Die Säbener Promenade wurde 1927/28 errichtet.

1929
Schaffung der Großgemeinde Chiusa durch Eingemeindung

Die Gemeindefläche von Klausen war bis 1929 verschwindend klein. Nördlich des Brixner Tores lief quer über den Marktplatz die Grenze zu Latzfons, der Eisack trennte die Stadt von Lajen und der Tinnebach von Villanders. In Zahlen ausgedrückt: das Gemeindegebiet erstreckte sich über acht Hektar Fläche, das sind etwa acht Fußballplätze. Bezogen auf die Fläche war Klausen damals die kleinste Gemeinde Tirols. Ein vollständig anachronistisches Detail: Der Schmuckhof in der Gerbergasse gehörte nicht zu Klausen, sondern zu Latzfons. Erst im Jahre 2007 (!) ist es gelungen, dieses Gebäude von der Katastralgemeinde Latzfons auszugliedern und in jene von Klausen einzutragen.
Aufgrund des beengten Raumes ist es nicht überraschend, dass sich

Das ehemalige Schwimmbad am Schindergries aus dem Jahre 1930.

die Einwohnerzahl Klausens im Laufe der Jahrhunderte kaum verändert hat. Sie schwankte zwischen 550 und 700 Personen. Eine deutliche Abnahme erfolgte in den letzten Jahrzehnten. 1990 waren nur mehr 411 Personen in der Altstadt ansässig.

1929 wurden in Südtirol viele Kleingemeinden aufgelöst und zu größeren zusammengefasst. Die Maßnahme verfolgte vor allem politische Ziele: die Peripherie sollte von den größeren Zentren aus leichter italianisiert werden.

Betroffen waren die Gemeinden von Gufidaun, Feldthurns und Latzfons. Sie wurden an Klausen angegliedert. Dazu kamen noch Griesbruck und die Frag, die von den Nachbargemeinden (Lajen und Villanders) abgetrennt wurden. Auf diese Weise entstand die neue „Großgemeinde" Chiusa.

Feldthurns erhielt am 6. November 1960 durch ein Regionalgesetz wieder seine Selbständigkeit, der Rest bildet bis zum heutigen Tag das Klausner Gemeindeterritorium. Es umfasst eine Fläche von 51,37 km² und hat eine Einwohnerzahl von etwas über 5.000 (2007).

1933
Eröffnung der neuen Brennerstraße durch den Tunnel unter Schloss Branzoll

Bereits das Hochwasser von 1921, das die Stadtgasse für einige Zeit vollständig unterbrochen und über Monate nur behelfsmäßig befahrbar gemacht hatte, könnte ein erster auslösender Faktor gewesen sein, die Brennerstraße zu verlegen. Auch der zunehmende Verkehr auf der Straße, den die schmale Stadtgasse nicht mehr bewältigen konnte, verlangte eine Neutrassierung.

Für die Dreißigerjahre wurde die neue Straße sehr aufwändig geplant.

Die riesige Bogenbrücke über den Tinnebach und der Tunnel durch den Felsen bezeugen dies.

Ob es in der Stadt die üblichen Proteste wegen der Verkehrsverlagerung gegeben hat, ist nicht nachweisbar. Wenn ja, dann hätten sie unter den damaligen politischen Verhältnissen auch keinerlei Erfolg gehabt. Andererseits gab es bestimmt einige Klausner, die nicht unglücklich darüber waren, den Durchgangsverkehr aus der Stadtgasse wegzubringen. Aus einem Bericht des Volksboten (2. Februar 1933) über einen Autounfall auf der Frag geht das deutlich hervor. *Eine Frau geriet bei der Kurve vor dem Kapuzinerkloster zwischen zwei Autos und wurde von einem überfahren. Der Wagen ging ihr über den Oberkörper, so dass sie mit Rippenbrüchen und schweren inneren Verletzungen in das nächstgelegene Gasthaus gebracht werden musste.*

Die überdimensionale Brücke der Brennerstraße von 1933.

Der Zeitungsbericht schließt mit der Bemerkung, dass *diese Autoun-*
fälle im Bereiche unseres Städtchens zeigen, wie dringend sich die Fertig-
stellung der neuen Straße erweist. Möge nun endlich das Nötige hiezu ver-
anlasst werden!

Am 1. November 1933 war es endlich so weit. Über die Einweihungs-
feier berichtet der Volksbote:
Gestern wurde der neue Teil der verlegten Reichstraße über Chiusa einge-
weiht. Zu dieser Feier erschienen der Herr Präfekt der Provinz, Seine Ex-
zellenz Mastromattei in Begleitung des Herrn Verbandssekretärs Konsul
Bellini. Um 9 Uhr brachte das Auto die hohen Herrschaften, welche vom
Herrn Podestà, den Vertretungen der verschiedenen Behörden und zahlrei-
cher Bürgerschaft sowie der Schuljugend empfangen wurden.
Auch die Musikkapellen von Chiusa, Lazfons und Velturno sowie die Feu-
erwehren dieser Gemeinden hatten Aufstellung genommen. Beim Erschei-
nen des Herrn Präfekten spielte die Musikkapelle von Chiusa die „Marcia
Reale“, worauf die Begrüßung durch Herrn Podestà Enrico Guerrieri im
Namen der Stadtgemeinde erfolgte. Nach der kirchlichen Einweihung, wel-
che von Hochw. Herrn Dekan Moser unter Assistenz am Eingang des Tun-
nels vorgenommen wurde, übergab seine Exzellenz nach einer Ansprache
die neue Straße dem Verkehre.
Keine drei Monate später wird im Volksboten bestätigt, dass *es seit*
der Eröffnung der neuen Straße im Städtchen sehr ruhig geworden ist. Die
Erker der Häuser, welche durch die schweren Lastautos durchwegs und
wiederholt beschädigt wurden, erfuhren durch die Besitzer die erforderliche
Reparatur.
Dass die große Brücke über den Tinnebach zehn Jahre später das Ziel
einiger Fliegerbomben wurde, konnte bei der feierlichen Einweihung
nicht vorausgesehen werden.

1934
Nationaler Frevel (Pernthaler)

Bei der deutschsprachigen Südtiroler Bevölkerung gab es in den Dreißigerjahren immer wieder Sympathiebezeugungen für den großdeutschen Nachbarn. Anselm Pernthaler spricht – nicht ohne ironischen Unterton – von einem nationalen Frevel.

Bei einer Törggele – Partie, die mehrere hiesige Burschen zum Huber in Pardell machten, ging es etwas „hitlerisch" zu. Einige sangen das Hitlerlied. Infolge eines Streites wurden vier von ihnen von den anderen angezeigt und vom Tribunal zu ein bis zwei Jahren Gefängnis verurteilt (Dezember 1934).
Wegen Verdacht des Hitlertums wurden mehrere Burschen zuerst hier und dann in Bozen „eingekastelt" und erst nach monatelanger Untersuchung freigegeben (Mai 1938).

29. August 1935
Mussolini festlich empfangen (Pernthaler)

Mit dem Auto war Mussolini zum Brenner gefahren. Auch hier auf der neuen Straße ober Chiusa wurde er bei der Hin- und Rückfahrt festlich empfangen. Die Böschungsmauern wurden längs der Reichsstraße mit Inschriften „Viva il Duce" bestrichen.
Im Oktober desselben Jahres wurde in Italien für den Abessinien – Krieg mobil gemacht und bei der Bevölkerung Metall gesammelt, um den Krieg zu finanzieren.
Pernthaler notiert: *18. Dezember, Tag der Eheringe. Allerorten wird Gold, Silber und anderes Metall abgegeben, insbesondere die goldenen Ringe der Eheleute.*

29. Dezember 1938
Eröffnung des E-Werkes Waidbruck

Innerhalb von 20 Monaten war der 7.514 m lange Stollen vom Stausee an der Villnösser Haltestelle bis nach Waidbruck fertig gestellt worden. Bis zu 4.000 Arbeitern waren an diesem Bau beschäftigt. Zur feierlichen Inbetriebnahme des E-Werks war Seine Exzellenz Cobolli Gigli, Minister für Öffentliche Arbeiten, in Klausen erschienen. Er bezeichnete die Anlage als eine *„geistige Errungenschaft der Technik"* (Volksbote).

Das E-Werk in Waidbruck

23. Juni 1939
Italienisch - deutsche Delegation beschließt in Berlin das Options-abkommen.

Dieses Abkommen, hatte zum Ziel, die Südtirol-Frage durch eine Umsiedlung endgültig zu lösen. Bis zum 31. Dezember 1939 konnten die Bürger entscheiden, entweder die italienische Staatsbürgerschaft zu behalten oder für das großdeutsche Reich zu „optieren". In diesem Falle hätten sie bis Ende 1942 das Land zu verlassen.
Folgende Zahlen informieren über das Abstimmungsergebnis in Klausen und über die Anzahl der Auswanderer in den folgenden Jahren. Die Zahlen beziehen sich auf das damalige Gemeindegebiet, also mit Feldthurns.

3.403 Abstimmende
- 3.077 für das deutsche Reich   = 91,5 %
- 326 für Italien   = 8,5 %

Von diesen Optanten wanderten in den folgenden Jahren aus:

1939	20	Personen
1940	170	Personen
1941	120	Personen
1942	94	Personen
1943	58	Personen
1944	2	Personen
	464	**Personen**

Deutschland legte großen Wert darauf, dass die Kinder der „Optanten" die deutsche Sprache erlernen konnten. Für sie wurden eigene deutsche Sprachkurse angeboten. Dass deren ideologische Ausrichtung wichtiger war als die pädagogische, versteht sich von selbst. Die Kinder der „Dableiber" hatten weiterhin die italienische Schule zu besuchen.

25. Juli 1943
Bitt- und Bußprozession nach Säben

Von den Geschehnissen des 2. Weltkrieges spürte man in Klausen bis 1943 wenig. Italien war 1940 in den Krieg eingetreten, junge Südtiroler, die für Deutschland optiert hatten, aber noch nicht ausgewandert waren, wurden nicht zum Wehrdienst einberufen, da ihnen die italienische Staatsbürgerschaft aberkannt worden war.

Spürbar waren aber, ähnlich wie im 1. Weltkrieg, Not und Hunger. Um für das Ende des Krieges zu beten, pilgerte die Bevölkerung aus Klausen und seiner Umgebung am 25. Juli 1943 nach Säben. In der Liebfrauenkirche auf Säben wurde mit Bleistift auf eine hölzerne Trennwand geschrieben: *Am 25. Juli 1943 hielten 4.000 Menschen eine B. & B. Prozession zur Säbener Mutter.*

Dass darunter eine Bitt- und Bußprozession zu verstehen ist, erfahren wir im Volksboten. Dort ist von 3.000 Pilgern aus dem ganzen Dekanat die Rede, die *in erhebendster Weise vor der Säbener Gnadenmutter für eine Beendigung des Krieges* gebetet haben.

9. September 1943
Gefecht zwischen deutschen und italienischen Truppen

Am 8. September 1943 wurde Italien, nach seiner Kapitulation und nach der Absetzung Mussolinis, im Handstreich von der deutschen Wehrmacht besetzt. Am Tage darauf kam es mitten in Klausen zu einem Gefecht. Deutsche Soldaten stürmten das Fascio – Haus in der Oberstadt (das Zollgebäude) und entwaffneten die Alpini. Drei Italiener und zwei Deutsche fanden den Tod.

Die neuen Machthaber setzten in den Gemeinden wieder deutschsprachige Bürgermeister (in Klausen war es Karl Nußbaumer) ein und wandelten die deutschen Sprachkurse von 1940 in eine Regelschule um. Dafür ging man mit grausamer Härte gegen die „Dableiber" von 1939 vor. Auf die Begeisterung, mit der die Südtiroler die Deutschen empfangen hatten, folgten bald Ernüchterung und (ein höchst lebensgefährlicher) Widerstand.

1945
Bombenabwürfe auf Klausen

In den letzten Monaten des 2. Weltkrieges wurde Klausen einige Male von den Alliierten bombardiert. Am 28. Februar fielen zwei Bomben auf Säben, eine weitere auf die Staatsstraße. Die Stadt erlitt kaum Schäden, nur viele Fensterscheiben gingen durch den Luftdruck in Brüche, so dass die Stadtgasse voller Glasscherben lag (Gasser).

Einige Todesopfer waren aber im April 1945, wenige Tage vor Kriegsende, zu verzeichnen, als Bombentreffer in Gufidaun und in Leitach niedergingen. In Leitach schlug die amerikanische Fliegerbombe neben dem Glöggl ein. *Die 65-jährige Glöggl – Mutter erlitt durch den*

Explosionsdruck tödliche Lungenverletzungen, ihre Tochter und ihr Sohn wurden durch Splitter verletzt und erlitten Gehirnschäden (wd in Tageszeitung Dolomiten am 8. April 1995, 50 Jahre später)

Neben diesen zivilen Opfern des Krieges forderte der 2. Weltkrieg auch das Leben von 42 Klausner Soldaten. Sie sind an den verschiedensten Kriegsschauplätzen, meist weit von zu Hause entfernt, gefallen (Kriegerdenkmal am Friedhof).

Am 4. Mai 1945 passierte die 5. US-Armee Klausen und erreichte über die Landstraße den Brenner. Damit gehörte der blutige Krieg der Vergangenheit an.

4. Zeitabschnitt: 1945–2008

Klausen in der Nachkriegszeit

Die beiden Weltkriege haben den Aufbruch der Stadt Klausen in das moderne Zeitalter so stark gebremst, dass 1945 die Not und die Sorgen viel größer waren als die Freude über den wieder erlangten Frieden. Obwohl die Kriegsschäden relativ gering waren, gab es in den ersten Nachkriegsjahren nur eine sehr bescheidene wirtschaftliche Aufwärtsentwicklung.

Trotz Beendigung der faschistischen und nationalsozialistischen Diktatur war die einheimische Bevölkerung über die politische Entwicklung enttäuscht, da den Südtirolern die Selbstbestimmung für einen Wiederanschluss an Österreich verweigert wurde und Italien gleichzeitig nur halbherzig bereit war, die Südtiroler Autonomie umzusetzen. Die Not und die stagnierende wirtschaftliche Entwicklung steigerten die Unzufriedenheit und führten zur Kundgebung von Sigmundskron (1957) und zu den Bomben der Feuernacht (1961).

Diplomatische Verhandlungen brachten zehn Jahre später das zweite Südtiroler Autonomiestatut. Mit ihm begann der große wirtschaftliche Aufschwung. Er ist natürlich nicht nur auf das politische „Tauwetter" auf lokaler und römischer Ebene zurückzuführen, sondern auch auf die allgemeine positive Wirtschaftsentwicklung in ganz Europa. Südtirol hat innerhalb weniger Jahrzehnte den größten Struktur- und Gesellschaftswandel seiner Geschichte erlebt. Er ist bis heute nicht abgeschlossen.

In Klausen selbst ist in diesen letzten 60 Jahren zwar nichts Außergewöhnliches vorgefallen. Wohl aber bildet die jüngere Stadtgeschichte einen kleinen Baustein in der Gesamtentwicklung des Landes. Folgende Bereiche, die untereinander in enger Vernetzung stehen, spielen in diesem Konzept eine große Rolle.

Der Ausbau der Straßen und die Motorisierung

Nichts hat die Gesellschaft und die Landschaft in den letzten Jahrzehnten so stark verändert wie der Ausbau des Straßennetzes und die damit zusammenhängende Motorisierung. Bis in die Sechzigerjahre waren die Ortschaften der Klausner Umgebung teils nur über Fuhrwege erreichbar. Heute sind ein gutes Straßennetz und Mobilität selbstverständlich.

Der Straßenbau hat die Gesellschaft regelrecht revolutioniert. Straßen und öffentliche Busverbindungen wurden zur Grundvoraussetzung für Bildung (Schulbesuch), Arbeit (Pendlerwesen, Lieferung der landwirtschaftlichen Produkte) und Freizeit (Fremdenverkehr). Als Zentrumsgemeinde im unteren Eisacktal und als Ausgangspunkt für die zahlreichen Gemeinden der Umgebung hat Klausen aus dieser Entwicklung große Vorteile gezogen, die Stadt wurde aber auch vor hohe Herausforderungen gestellt. Über keinen Bereich des öffentlichen Lebens wurde in den letzten Jahrzehnten so viel diskutiert wie über den Verkehr und in keinen Bereich so viel investiert wie in den Ausbau der entsprechenden Strukturen.

Die größten verwirklichten Straßenprojekte, die die Stadt direkt betroffen haben, waren die neue Grödner Straße auf der ehemaligen Bahntrasse (1969 dem Verkehr übergeben, anlässlich der alpinen Schiweltmeisterschaften in Gröden) und die Autobahn (1974 letztes Teilstück dem Verkehr übergeben) mit der Anschlussstelle Klausen - Gröden.

Als einzige Alternative zum Straßenverkehr wurde die Seilbahn von Klausen nach Verdings verwirklicht (siehe 1959).

Verkehrslösungen lassen sich nur mit viel Beton verwirklichen. Im Bild die Klausner Nordeinfahrt.

Klausen als Zentrumsgemeinde im Unteren Eisacktal

Im wirtschaftlichen und verkehrstechnischen Bereich war Klausen seit jeher Mittelpunkt für ein großes Umland. Ein Beispiel aus der Vergangenheit sind die Märkte. Im 19. Jahrhundert kamen weitere zentrale Infrastrukturen dazu: der Bahnhof, das Landgericht und das Dekanat.

In den letzten Jahrzehnten entstanden in der Stadt weitere bedeutende Einrichtungen. In Klausen gab es die ersten Bankschalter der Umgebung und das Postamt. Die Mittelschule (siehe 1963) und die Musikschule wurden zu Ausbildungsstätten für die Kinder und Jugendlichen des Einzugsgebietes. Der gesundheitlichen Versorgung dienen die Arztambulatorien, die Apotheke, der Rettungsdienst Weißes Kreuz, der neu errichtete Sanitäts- und Sozialsprengel und das Pflegeheim Eiseck. Übergemeindliche Bedeutung haben heute auch der Busbahnhof, die Direktionen der Grundschule, das Grundbuch- und Katasteramt, das Friedensgericht, die Carabinieri-Station sowie einige Infrastrukturen im Sport- und Freizeitbereich. Den Bemühungen der Kaufleute und anderer Wirtschaftstreibender verdankt Klausen seine Attraktivität als Zentrum für Einkauf und Aufenthalt.

Alle diese Einrichtungen unterstreichen die zentrale Lage der Stadt und sind für ihre Wirtschaft lebensnotwendig. Sie erforderten in den letzten Jahrzehnten aber auch hohe Investitionen (Bautätigkeit, Verkehrsanbindung, Parkplätze u.s.w.).

Pflegeheim …

… und Sprengelsitz Eiseck, neue Strukturen für die Zentrumsgemeinde Klausen.

Der soziale Wandel

Die Option von 1939 hatte die Wirtschaft Südtirols weit in die Nachkriegszeit hinein in Bedrängnis gebracht. Sie hatte zu einem *„bevölkerungspolitischen Aderlass"* geführt. Die Optanten waren zum größten Teil Arbeiter. Ohne sie war das Land *„sozial und beruflich amputiert"* und es erlebte eine Rückentwicklung in eine *agrarisch bestimmte Gesellschaftsform*. Gleichzeitig ging die Anzahl der Beschäftigten im Industrie- und Gewerbesektor rapide zurück Die lokale Politik nahm das Problem lange Zeit nicht wahr. *Für sie war die Industrie eine städtische und daher italienische Angelegenheit* (aus: das 20. Jahrhundert in Südtirol, Band 3).

Der außerordentlich hohe Bevölkerungszuwachs in Südtirol und die Mechanisierung in der Landwirtschaft führten bald zu einem sozialen Desaster. Über 10.000 junge Südtiroler suchten Beschäftigung in Deutschland und in der Schweiz. Viele von ihnen kamen nicht mehr zurück und wurden zu „Heimatfernen".

Erst in den Sechzigerjahren kam es zur Ansiedelung von Industriebetrieben in ganz Südtirol und damit zu einem Angebot von Arbeitsplätzen. Die damaligen Gemeindeverwalter hatten die Voraussetzungen für die Ansiedlung großer Betriebe zu schaffen. In einer „industriefeindlichen" Zeit war dies mit großen Schwierigkeiten verbunden. Stellvertretend für die zahlreichen Betriebe, die damals in Klausen entstanden sind, sei die Textilfabrik Busch in Langrain genannt. 1963 eröffnete sie ihre Produktion. In den besten Jahren zählte das Unternehmen knapp 200 Beschäftigte, zum größten Teil Frauen. Viele von ihnen kamen zu Fuß aus den Nachbarorten zum Arbeitsplatz, für andere gab es in der Nähe des Betriebes sogar die Möglichkeit zur Übernachtung.

Mit den Arbeiterinnen und Arbeitern entstand in Südtirol eine völlig neue Gesellschaftsschicht. Die Arbeiterfamilien benötigten Wohn-

Arbeitsplätze für Frauen, die Werkhalle der Firma Busch

raum. Das förderte die Bautätigkeit. Das regelmäßige und sichere Einkommen trieb den Konsum in die Höhe. Das wirkte sich wieder günstig auf den Handel und auf die Freizeitindustrie aus. Das markanteste Ereignis in dieser Entwicklung war sicherlich die Berufstätigkeit der Frau. Die meisten der damaligen Betriebe in Klausen beschäftigten auch oder sogar vorwiegend Frauen. Wenige Jahre vorher wäre eine solche Rolle des weiblichen Geschlechtes innerhalb des Wirtschaftsprozesses gänzlich unvorstellbar gewesen.

Leider haben steigende Lohnkosten, Einsparungen, Raummangel und das Auslaufen von günstigen Fördermaßnahmen später zur Schließung einiger Klausner Betriebe oder zur Abwanderung in größere Industriegebiete geführt. Die entstandenen Lücken konnten vorerst nicht durch neue Betriebe geschlossen werden. Die „räumliche" Enge Klausens war für die Ansiedelung großer Unternehmen ein Nachteil. Erst die Bebauung der „Spitalwiese" im Norden der Stadt schaffte genügend Freiraum für mehrere Dutzend Betriebe.

Zurzeit gibt es in Klausen mehr Auspendler als Einpendler. In Zahlen ausgedrückt: Bei der Volkszählung im Jahre 2001 gab es in der Gemeinde (ohne die Bauern) 1.831 Erwerbstätige. 1.139 hatten ihren Arbeitsplatz nicht innerhalb der Gemeinde, sondern pendelten in andere Orte. Umgekehrt hatten wiederum 651 Personen von auswärts ihren Arbeitsplatz in Klausen. Die größten Arbeitgeber in der Gegenwart sind die Betriebe Gasser und Beton Eisack.

Die neue Gewerbezone Spitalwiese, nicht gerade schön, aber lebenswichtig.

Der jüngste gesellschaftlich-soziale Wandel ist gegenwärtig voll im Gange. Die Folgen der Zuwanderung von Ausländern sind noch gar nicht absehbar. Für 263 ausländische Personen (mehr als die Hälfte davon Frauen) war zu Beginn des Jahres 2008 die Gemeinde Klausen Heimat und oft auch Arbeitsplatz. Das sind über 5 % der Bevölkerung.

Die Bautätigkeit

In den ersten Jahren nach dem Kriege beschränkte sich die Bautätigkeit in Südtirol vorwiegend auf die großen Städte. Dort waren Kriegsschäden zu beheben und es bestand eine starke Nachfrage nach Wohnraum. In den Siebzigerjahren erhielt Südtirol die Kompetenzen auf dem Gebiet der Raumplanung. Eine enorme Zunahme der Bautätigkeit war die unmittelbare Folge.

Klausen bildete keine Ausnahme. Im Zeitraum zwischen 1971 und 1997 wurden in der Gemeinde mehr als eine halbe Million Kubikmeter an Gebäuden errichtet, das sind 133 m^3 je Person. Auf diese Weise entstanden 608 neue Wohnungen, Hotels und andere Strukturen für den Fremdenverkehr sowie zahlreiche Gebäude für Gewerbe, Industrie und Landwirtschaft. Ein nicht unerheblicher Teil der Neubauten diente öffentlichen Zwecken. So bestand auf dem Gebiete des Schulbaus ein großer Nachholbedarf, der sich durch die rasant steigenden Schülerzahlen ergab (aus: Klausen im Wandel der Zeit, Diplomarbeit von Maria Felderer).

In diesem Zusammenhang ist auch die Wiedergewinnung der Bausubstanz in der denkmalgeschützten Altstadt zu erwähnen. Dank Förderung durch die öffentliche Hand konnten viele Hausbesitzer und die Gemeinde zahlreiche Bauten sanieren. Auf diese Weise erhielt die Altstadt ein gepflegtes Äußeres und wurde als Wohnzone wieder attraktiv. Gleichzeitig gewann man Wohnraum, ohne neues Grünland verbauen zu müssen.

Die starke Bautätigkeit in den letzten Jahren wird (nicht nur) in Klausen als übertrieben empfunden und gibt häufig Anlass zu berechtigter Kritik.

Die Zone Eiseck 1965 …

… und 2008

Der Fremdenverkehr

Mit dem Pilgerhospiz und den zahlreichen Wirtshäusern hatte sich Klausen seit jeher als gastliche Stadt präsentiert. Zwar haben in vergangenen Jahrhunderten vorwiegend Durchreisende in der Stadt logiert, in der Künstlerzeit des 19. Jahrhunderts hielten sich aber bereits die ersten Urlauber in Klausen auf. Völlig neue Akzente setzte der moderne Automobiltourismus der Nachkriegszeit.

Es mag unglaubhaft klingen: die Attentate der Sechzigerjahre haben den Fremdenverkehr in Südtirol nicht abgewürgt, sondern gefördert. Die Medien machten das Südtirol – Problem europaweit bekannt und weckten das Interesse an diesem Lande. Zwar gingen die Zahlen der italienischen Besucher (verständlicherweise) zurück. *Deutsche hingegen fühlten sich regelrecht angezogen* und besuchten Südtirol in immer größerem Maße, *trotz Anschläge, Straßensperren und scharfer Grenzkontrollen am Brenner* (aus: das 20. Jh. in Südtirol, Band 4).

Die Wirtshäuser der Stadt, Gastlichkeit seit vielen Jahrhunderten.

Sobald sich die politische Lage im Lande wieder beruhigt hatte, waren auch die italienischen Urlaubsgäste wieder da.

Mit einigen statistischen Zahlen lässt sich das Gesagte deutlich belegen:

Jahr	Italienische Gäste	Ausländische Gäste
1950	**1.007**	**70**
(Gründung des Verkehrsvereins Klausen)		
1961	**153**	**3.611**
(Bombenjahr)		
2001	**10.994**	**27.603**
(bisher tourismusstärkstes Jahr)		

In den letzten 10 Jahren stieg die Zahl der Urlauber kontinuierlich an, der Trend zu Kurz- bzw. Wochenendurlauben ließ die Zahl der Übernachtungen aber leicht fallen. In Klausen hat man auf diese Entwicklung mit neuen Schwerpunkten im Angebot reagiert. So wurde die Stadt zu einem beliebten Kultur- und Einkaufszentrum, das auch von zahlreichen Tagesbesuchern geschätzt wird. Die Präsentation der reichen Kulturschätze und der bewegten Geschichte gehören genau so zu diesem Konzept wie die zahlreichen Veranstaltungen (Gasslfest, Törggelen) und Unterhaltungsmöglichkeiten. Die Auszeichnung, zu den schönsten Altstädten Italiens (I borghi più belli d'Italia) zu gehören, war eine Belohnung für diese Bemühungen (2002).

Die Pflege der Kultur

In der Zeit des Faschismus wurden die Südtiroler Kulturvereine aufgelöst und ihre Tätigkeit verboten. Nach dieser *totalen, geistig-kulturellen Unterdrückung* wurde in den Nachkriegsjahren eine *kulturelle Selbstbehauptung* regelrecht beschworen (aus: das 20. Jahrhundert in Südtirol, Band 3).

Vereinigungen wie Blaskapellen, Chöre, Schützen, Theatergruppen u. a. wurden neu bzw. wieder gegründet und galten von ihrem Selbstverständnis her als Bollwerk der Südtiroler im Kampf gegen die römische Assimilation. Erst in den letzten Jahren trat dieser politische Auftrag zu Gunsten einer autonomen, freien Kulturarbeit mehr und mehr zurück. Durch gezielte Ausbildung hat man dabei die Grenze der einfachen „Volkskultur" schon längst überschritten.

Das renovierte Kapuzinerkloster, das neue kulturelle Zentrum der Stadt.

Klausen war immer stolz auf seine Kulturvereine und zeigte sich ihnen gegenüber offen und großzügig. Ohne ihren ehrenamtlichen Einsatz wären Feste und Feiern gar nicht vorstellbar.

Zwei Kulturinitiativen der letzten Jahrzehnte verdienen besondere Erwähnung. In den späten Achtzigerjahren entstand die Kulturrunde „Zugluft". Einige hoch motivierte Klausnerinnen und Klausner versuchten, „alternative" Kultur anzubieten. Das Unterfangen scheiterte, da es zu progressiv und zu wenig „volksnah" war. Auch die erforderlichen Finanzmittel waren nur schwer aufzutreiben.

Die zweite Initiative entstand vor 30 Jahren. Der „Circolo Culturale Sabiona" hat seither hochwertige Kultur angeboten und bildet einen wichtigen Bezugspunkt für die kleine italienische Volksgruppe der Stadt.

Das Klausner Kulturleben konnte sich durch die Nutzung des aufgelassenen Kapuzinerklosters besser entfalten. Dort entstanden innerhalb weniger Jahre das Kulturhaus Albrecht Dürer (1978), die Stadtbibliothek (1987), der Kapuzinerkeller (1987) und das neue Stadtmuseum mit dem Loretoschatz (1992).

Begebenheiten im Zeitraum zwischen 1945 und 2008

1946
Demonstration für eine Wiederangliederung an Österreich.

Nach dem Ende des 2. Weltkrieges fanden in ganz Südtirol Kundgebungen statt, auf denen die Wiederangliederung an Österreich gefordert wurde. Auch in Klausen kam es zu einer solchen Kundgebung, an der Tausende von Menschen teilnahmen.

Davon sind zahlreiche Bilder erhalten. Auf den Schildern und Transparenten standen Forderungen und Feststellungen wie: *Freiheit für Südtirol, wir fordern unser Recht, Selbstbestimmungsrecht, Tirol isch lei oans, Andrä Hofer lebt noch.*

Trotz Unterschriften und Demonstrationen gab es keine Wiederangliederung an Österreich.

25. Mai 1952
Bürgermeister der Nachkriegszeit

In den ersten sieben Jahren nach dem Kriege wurden die Gemeindeverwalter nicht vom Volke gewählt, sondern vom italienischen Präfekten in Bozen ernannt. In Klausen wurde Josef Prader mit dieser
Aufgabe betreut (September 1945). Mit einem sechsköpfigen (ebenso
ernannten) Ausschuss hatte er in den schwierigen Nachkriegsjahren
die Geschicke der Stadt zu leiten.
1950 trat Anton Scheidle an seine Stelle. Während seiner Amtszeit
wurden am 25. Mai 1952 die ersten Gemeinderatswahlen nach dem
Kriege durchgeführt, aus denen wiederum Anton Scheidle als Bürgermeister hervorgegangen ist. Er blieb es bis 1960.
In den nächsten 20 Jahren stand wieder Josef Prader an der Spitze der
Gemeinde. Damit ist er zum Klausner Bürgermeister mit der längsten
Amtszeit geworden.

Auf ihn folgten:
1980 – 1985	Helmuth Kusstatscher
1985 – 1997	Heinrich Gasser
ab 1997	Arthur Scheidle

1957
Die neue Eisackbrücke (Ausschnitt aus der Tageszeitung Dolomiten,
Dienstag, 6. August 1957)

*Klausen, das malerische alte Städtlein, war seit alters her ein Anziehungs-
punkt für viele Gäste von auswärts und darum musste nach dem Bau der
Brennerbahn an den Bau einer neuen Brücke gedacht werden, weil die alte
Holzbrücke dem gesteigerten Verkehr nicht mehr gewachsen war. So wurde im Jahre 1881 eine neue Brücke gebaut, die damals als eine technische*

Leistung angesehen wurde, die aber wegen ihrer hohen Eisenbögen den Gesamtblick des so romantischen Stadtbildes beeinträchtigte. Während die alte Holzbrücke südlich der Pfarrkirche war, wurde aus verkehrstechnischen Gründen die neue Brücke nördlich der Pfarrkirche gebaut. Immerhin machte diese Brücke ihren Dienst bis zum Jahre 1957, also volle 76 Jahre.

Da einerseits die Verkehrsmittel sich wesentlich geändert haben, und andererseits die alte Brücke mit ihren hohen Eisenbögen deutlich den Zahn der Zeit gespürt hat und für den modernen Verkehr nicht mehr leistungsfähig war, musste wieder an den Bau einer neuen Brücke geschritten werden. Es ist das ausschließliche große Verdienst des Herrn Bürgermeisters Anton Scheidle, dass er nicht bloß die Initiative dafür in die Hand genommen, sondern dieselbe auch zur Ausführung gebracht hat.

Die neue Brücke ist die erste öffentliche vorgespannte Stahlbetonbrücke in der Provinz. Sie hat außerdem die sehr beträchtliche Spannweite von 40 m. Es handelt sich hier um ein ganz neues System. Der Auftrag zum Entwurf und zum Bau dieser neuen Brücke wurde dem bestbekannten und gerade auf diesem Gebiete hochverdienten Herrn Dr. Ing. Hans Minarik, Bozen, erteilt, der mit großer Umsicht diese gewiss sehr schwierige Arbeit zur vollsten Zufriedenheit des Auftraggebers und der ganzen Bevölkerung meisterte. Die Bauarbeiten hat die bekannte Trentiner Firma SCACC. in vorzüglicher Weise ausgeführt.

Die Arbeiten für die neue Brücke begannen Ende November 1956. Die Fundierungen wurden alle im Winter gemacht. Ein historischer denkwürdiger Tag war der 16. Jänner 1957. Dort wurde nämlich die alte Brücke auf zwei Rutsch-Schienen, auf zwei Pilotenreihen mittels zwei Zugwinden um 20 m nordwärts verschoben. Das war ein seltenes Ereignis, dem die Schuljugend und wohl fast die ganze Bürgerschaft von Klausen trotz eisigem Nordwind und grimmiger Kälte beiwohnte. Diese Verschiebung dauerte knapp zwei Stunden. Durch die Entfernung des breiten robusten Mittelpfeilers kann jetzt das Wasser ohne Hindernis durchfließen. Durch diese größere Geschwindigkeit wurde die Flussbettsohle um zwei Meter

Die Eisackbrücke bis 1881 (Hans Rabensteiner)

vertieft. In den letzten Tagen musste die alte Brücke abgetragen werden, um das Flussbett frei zu machen. Deshalb musste die neue Brücke bereits dem Verkehr übergeben werden. Die offizielle Einweihung der neuen Brücke, die laut Beschluss des Gemeinderates dem Patron der Pfarrkirche und der ganzen Stadt, dem heiligen Apostel Andreas, geweiht wird und die mit dem Andreas-Kreuz und dem Stadtwappen geschmückt ist, wird voraussichtlich am Sonntag, den 1. September in feierlicher Form erfolgen.

Die Verschiebung der Eisenbrücke (16. Jänner 1957)

10. Dezember 1959
Gründung der Seilbahngenossenschaft Klausen – Verdings

Die „Dolomiten" schreiben, dass sich die *nahe an Klausen gelegenen Berg-dörfer Villanders, Latzfons und Feldthurns mit den Weilern Pardell, Verdings und Garn kaum entfalten. Diese Gebiete haben einen bedeutenden Geburten-überschuss, jedoch außer der Landwirtschaft keine andere Existenzmöglichkeit. Es fehlt ihnen ein zeitgemäßer Verbindungsweg ins Tal zum Absatz ihrer Pro-dukte. Gegenwärtig besteht lediglich ein schmaler, steiler Bergweg, der nur mit Karren befahrbar und zur Winterszeit eisig und daher gefährlich ist.*
Da für Latzfons der Bau einer Straße *vorderhand nicht in Frage* kommt, liegt nun ein Seilbahn - Projekt vor, das *eine Straße vollauf ersetzen* kann. Die geplante Bahn wird nicht nur der Landwirtschaft dienen, sondern *kann bald zu einem Anziehungspunkt für Fremde werden.* Sogar ein Sessellift auf den Kühberg stand im Gespräch.
Tatsächlich wurde die Seilbahnverbindung von Klausen nach Ver-dings verwirklicht, aber bereits 1979 wieder eingestellt. Straßen und Autos hatten Vorrang, für eine fällige Revision der Bahn standen kei-ne Geldmittel zur Verfügung.

1961
Gründung der Eisacktaler Kellereigenossenschaft

Der neue Arbeitsprozess machte auch vor der Landwirtschaft nicht Halt. Im Jahre 1961 gründeten rund zwei Dutzend Weinbauern aus der Klausner Umgebung die Eisacktaler Kellereigenossenschaft. Da-mit schufen sie die Grundlage für Qualitätssteigerung und Vermark-tung ihres Produktes. Viele gute Restaurants in Italien führen heute Weißweine aus Klausen in ihrem Angebot.

Die Seilbahn nach Verdings, eine kurzfristige Alternative zum Straßenverkehr

1963
Einführung der Mittelschule

Bereits mit dem Schuljahr 1961/62 wurden in Klausen die ersten Mittelschulklassen eingeführt. Im Kath. Sonntagsblatt stand darüber:
In der Geschichte unserer Stadt wird der 16. Oktober 1961 als ein bemerkenswertes Datum für immer eingetragen bleiben. An diesem Tag wurde nämlich die neue Mittelschule eröffnet. Sie wird besucht von 48 Schülern in 2 Parallelklassen des ersten Jahrganges. Sowohl die Bevölkerung der Stadt wie der Umgebung begrüßte die Neuerrichtung.
Der Besuch dieser Schule war nicht verpflichtend. Allzu viele Jugendliche aus der Umgebung werden von diesem Angebot nicht Gebrauch gemacht haben, da es noch keine Schülerbeförderung gab. Wohl aber

Der neue Sitz in der Bahnhofstraße löste das akute Raumproblem der Mittelschule.

hatten Schülerinnen und Schüler aus dem Stadtbereich eine günstige Möglichkeit, sich auf eine weiterführende Schule vorzubereiten.

Ein bildungspolitischer Meilenstein war zwei Jahre später die Einführung der Einheitsmittelschule (Schuljahr 1963/64). Sie förderte den Straßenbau und die Einrichtung eines Busnetzes, um die Jugendlichen zur Schule bringen zu können. Vor allem aber schaffte der verpflichtende Schulbesuch bessere Bildungschancen für die einheimische Landbevölkerung.

Bei der Einführung der Mittelschule kam am deutlichsten zum Ausdruck, wie groß das Einzugsgebiet von Klausen ist. Gegen Ende der Siebzigerjahre, als die geburtenstarken Jahrgänge die Schulbank drückten, besuchten knapp 1.000 Schülerinnen und Schüler die Klausner Mittelschule.

Für die damalige Gemeindeverwaltung war schon allein die Busanbindung ein Problem. Wo sollten in Klausen Dutzende von Schülerbussen, die mehr oder weniger gleichzeitig ankamen und abfuhren, anhalten? Noch schlimmer war der Mangel an Räumlichkeiten, um einen regulären Unterricht zu gewährleisten. In den ersten Jahren waren die Klassenräume über die ganze Stadt verteilt. Erst nach dem Bezug des Neubaus in der Bahnhofstraße (1974) und mit der Adaptierung des Ansitzes Seebegg (1983) konnte die Raumnot gelöst werden.

1965 und 1966
Vier Hochwasserkatastrophen innerhalb von zwei Jahren

In diesen beiden Jahren gab es viermal Hochwasser. Verkehrswege wurden unterbrochen, Teile der Stadt, von Leitach und von Griesbruck standen unter Wasser. Besonders kritisch war die Situation am 4. November 1966. Aus der Tageszeitung „Dolomiten":

Seit Donnerstagabend (3. November) *regnet es ununterbrochen. In Klausen ertönte gestern nachmittags die Sirene und rief die Feuerwehr zur Bereitschaft. Der Eisack hatte eine bedenkliche Höhe erreicht und die Josef - Siedlung und Häuser in der Bahnhofsstraße bedroht. Der Keller vom Bärenwirt musste geräumt werden.*

Eine Mure, die am Vormittag beide Geleise der Brennerbahn nördlich von Waidbruck verlegt hatte, war in den Mittagsstunden eben weggeräumt worden, als eine noch größere auf die Schienen niederging.

Große Gefahr kam vom Neidegger Bachl. Nach starken Regenfällen schwoll das kleine Rinnsal beim Angerer so stark an, dass der Hof Gefahr lief, von den Wassermassen weggerissen zu werden (Gasser in: Chronik der Feuerwehr Klausen)

10. August 1970
Eisenbahnunglück – Gefahren durch Steinschlag

An diesem Tage ereignete sich bei Klausen ein Eisenbahnunglück, das großes Aufsehen erregte. Dieser Steinschlag war der Auslöser für den Bau der Schutz - Galerie gegenüber der Frag.

Ein rund 70 Kilo schwerer Gesteinsbrocken, der auf ein Gleis gestürzt war, verursachte gestern auf der Brennerbahnlinie südlich von Klausen ein Eisenbahnunglück, bei dem ein 45jähriger Klausner tödlich verletzt und über drei Dutzend weitere Reisende vorwiegend leicht verletzt wurden.

Die Lokomotive des Dolomiten-Expreß war rund drei Kilometer südlich von Klausen in einer Rechtskurve gegen den Stein aufgefahren, wobei das Fahrgestell weggerissen wurde und die ersten drei Waggons umstürzten. Ein vierter blieb mit den Rädern in der Luft stehen. In den umgekippten Waggons, welche das zweite Geleis verlegten, brach eine Panik unter den vorwiegend ausländischen Feriengästen aus.

Wenig später erreichte die Hiobsbotschaft Klausen, von wo aus Großalarm gegeben wurde. In pausenloser Folge rasten Rettungswagen, Feuerwehrautos und Fahrzeuge der Carabinieri und Polizei zum Gelände der Firma Favolat; von dort konnte die Unglücksstelle nur zu Fuß erreicht werden.

Innerhalb einer knappen Stunde langten im Brixner Krankenhaus 26 Patienten ein, darunter drei Schwerverletzte, weitere zwölf Personen wurden nach Bozen gebracht. Für den 45jährigen Franz Allneider aus Klausen, der wenige Minuten vorher den Zug in Klausen bestiegen hatte, gab es keine Hilfe mehr.

Das Unglück hätte weit tragischere Ausmaße annehmen können, wenn die umgefallenen Waggons über den Bahndamm in die reißenden Fluten des Eisacks gestürzt oder gegen einen entgegenkommenden Zug gestoßen wären. Die Brennerbahnlinie dürfte frühestens heute abend wieder instand gesetzt sein. (Tageszeitung Dolomiten vom 11. August 1970).

Zu einem ähnlichen Unglück hätte es südlich von Klausen auch am 29. Jänner 1997 kommen können. 50 m³ Steine hatten südlich der Bahnschranken in Seebegg die Geleise verlegt. Eine aufmerksame Bewohnerin bemerkte es. Es gelang ihr zwar nicht, einen nahenden Zug zu stoppen, aber er entgleiste nicht.

Auch vom Säbener Berg kollerten immer wieder Steine ins Tal. Einen gewaltigen Schreck erlebten die Bewohner des Gebäudes der ehemaligen Scheidle – Lodenfabrik im Frühjahr 1999. Ein Felsbrocken stürzte vom Hang, schlug durch die Haustür und blieb im Gang liegen.

1974
Eröffnung des letzten Teilstückes der Brennerautobahn (Klausen – Bozen)

Nachdem die Europabrücke schon anlässlich der Olympischen Spiele in Innsbruck im Jahr 1964 dem Verkehr übergeben worden war, dauerte es in Südtirol zehn Jahre länger, bis die letzte Autobahnlücke geschlossen wurde. Es war das heikle Teilstück zwischen Klausen und Bozen. Eines der größten Straßenprojekte in Europa war Wirklichkeit geworden.

Verständlich, dass man damals stolz auf die Autobahn war und sie als „Traumstraße der Alpen" bezeichnete. Nun war man die Verkehrslawine auf der Brennerstraße los, wo man während der Hauptreisezeit manchmal einige Stunden für die Strecke von Klausen nach Bozen benötigt hatte. Wer konnte damals auch ahnen, dass sich die Traumstraße innerhalb weniger Jahrzehnte zur „Albtraumstraße" entwickeln würde? Heute werden die Klausnerinnen und Klausner alle zehn Sekunden von einem LKW „beglückt".

Die Brückenpfeiler der Autobahn stehen bereit.

Die Autobahn über den Köpfen der Klausner Bevölkerung.

1975
Erste Maßnahmen zur Verkehrsberuhigung in der Altstadt.

So lebensnotwendig der Verkehr auch sein mag, so belastend emp-
finden ihn jene, die ihn in unmittelbarer Nähe haben (müssen). Da
er im Laufe der Jahre immer lauter, schneller und intensiver wurde,
wurden die Forderungen der Stadtbewohner nach Schutzbauten,
Flüsterasphalt und anderen Maßnahmen immer stärker. Der Erfolg
war eher gering. 1995 wurde beim Martscholer entlang der Autobahn
eine Lärmschutzwand errichtet, 2001 eine weitere auf der Stadtseite
entlang der Eisenbahn. Sie erfüllt ihren Zweck kaum.

Bereits 1957 wurde über eine Geschwindigkeitsbegrenzung in der
Stadtgasse diskutiert. Man entschied sich für 40 km/h Höchstge-
schwindigkeit.
1975 diskutierte man erstmals darüber, die Altstadt zeitweilig für den
Autoverkehr zu sperren. Gemeindeverwaltung und Wirtschaftsver-
treter arbeiteten in einer Kommission entsprechende Richtlinien aus.
Der Protokollführer bezeichnete die Diskussion als heiß und pole-
misch. Sogar persönliche Anschuldigungen wurden vorgebracht.
Das Ergebnis war eine Verkehrssperre in der Altstadt von 10 bis 12
sowie von 16 bis 19 Uhr, allerdings nur probeweise, und nur in der Zeit
zwischen dem 15. Juli und dem 15. September. Nicht betroffen von
der Sperre waren die Linienbusse. Bis zu 84 Busse am Tag fuhren den
Tinneplatz an. Erst 1987 wurden die Haltestellen auf die Brennerstraße bzw. zur Mittelschule, später zum Busbahnhof vor den Friedhof,
verlegt.
Die Stadtsperre war Jahrzehnte lang ein „Dauerbrenner". Bis zur heutigen fast „Rund-um-die-Uhr-Lösung" gab es noch Dutzende von
Beschlüssen, Befragungen (1983), Interventionen, Unterschriftenak-
tionen und Bürgerinitiativen.

Parkende Autos am Pfarrplatz, vor 30 Jahren noch ein gewohntes Bild.

8. September 1984
Gemeindefreundschaften mit Wattens und Planegg

Das 175-jährige Jubiläum des Tiroler Freiheitskampfes (1809 – 1984) war ein Anlass, zwischen den Gemeinden Süd- und Nordtirols verstärkt freundschaftliche Kontakte zu knüpfen. Da den 14 Gemeinden der Bezirksgemeinschaft Eisacktal exakt ebenso viele im historischen Gerichtsbezirk Hall in Tirol entsprachen, kam es zu einer verordneten „paarweisen" Zuordnung durch die politisch Verantwortlichen in den beiden Bezirken. So kam Klausen zu seinen freundschaftlichen Beziehungen mit Wattens im Tiroler Inntal. Eine offizielle Urkunde wurde am 8. September 1984 unterfertigt.

Was zu Beginn als „aufgezwungen" empfunden wurde, entwickelte sich auf persönlicher Ebene sehr bald zu echten Freundschaften. Die Kontakte werden heute vor allem durch die Vereine der beiden Gemeinden gepflegt.

Weit weniger amtlich ging es bei der Gemeindefreundschaft mit dem bayrischen Planegg bei München zu. Sie entwickelte sich vom Privaten zum Offiziellen. Die ersten Kontakte reichen bis 1938 zurück. Nach dem Krieg, als die meisten Südtirol-Urlauber noch aus Bayern kamen, führten gegenseitige Besuche zu persönlichen Beziehungen und Freundschaften. Besuche der Planeggerinnen und Planegger in Klausen waren ein Großereignis. Unter dem Motto „Ein Dorf geht auf Reisen" reisten ein halbes Dutzend Mal tausend und mehr Planeggerinnen und Planegger in einem Sonderzug der Deutschen Bundesbahn von Bayern nach Klausen. 1985 umfasste die Zuggarnitur rekordverdächtige 17 Waggons. Mit einer Gesamtlänge von 500m war es der längste Sonderzug der Bundesbahn, der je den Brenner überquert hatte. Zu lang, um am Klausner Bahnhof den ganzen Tag stehen bleiben zu können. Der Sonderzug musste nach Bozen zum „Parken", um am Abend die

Die Planegger auf dem Weg vom Bahnhof zum Kapuzinergarten.

fröhliche Gesellschaft in Klausen wieder aufzunehmen und nach Planegg zurück zu bringen.

Dies alles funktionierte auch ohne offizielle Urkunde und ohne entsprechende Beschlüsse. Erst am 23. Juni 2006 wurde dies nachgeholt und mit den Unterschriften der beiden Bürgermeister besiegelt.

4. Oktober 1988
Bomben - Attentat auf die Personalhäuser in der Frag (Dolomiten, 5. Oktober 1988)

Ein fürchterlicher Knall riss gestern früh um 4.15 Uhr die Bewohner von Klausen und Umgebung recht unsanft aus den Federn. Unbekannte Attentäter hatten wieder einmal zugeschlagen. Ziel des Anschlages war die Wohnsiedlung der Eisenbahn am Eingang ins Tinnetal und um 5.20 Uhr ein Hochspannungsmasten beim Tanötscherhof. Bei beiden Anschlägen grenzt es fast an ein Wunder, dass es keine Verletzten und Toten gab.
Als kurz nach dem ohrenbetäubendem Knall um 4.15 die Freiwillige Feuerwehr, Polizei, Presse und Schaulustige zum Attentatsort eilten, bot sich ihnen ein Bild des Schreckens und der Zerstörung: verängstigte Hausbewohner, zerstörte Autos, herumliegende, verbogene Blechteile, Glasscherben, herausgerissene Fenster, beschädigte Türen, Möbel usw.

Ein Zusammenhang mit den Südtirol-Attentaten der Sechzigerjahre schien ausgeschlossen. Schließlich lagen diese bereits mehr als 20 Jahre zurück. Motiv und Urheber der Klausner Bomben sind bis heute nicht geklärt worden.

25. September 1990
Pendlerproteste am Klausner Bahnhof – das leidige Problem mit der Eisenbahn.

Die Zeiten, als der Bahnhof in Klausen noch eine Express-Station war, gehören längst der Vergangenheit an. 1988 verschwand der Alpenexpress aus dem Fahrplan. Er hat Rom mit Kopenhagen verbunden und in Klausen angehalten. Seither bleiben in Klausen nur mehr die Lokalzüge stehen, die von den Pendlern zur Erreichung des Arbeitsplatzes oder der Schule benützt werden.

Fehlende oder mangelhafte Verbindungen und überfüllte Züge waren häufig Anlass zur Klage. Am 25. September 1990 kam es am Klausner Bahnhof zu folgendem Vorfall. Um 7.15 fuhr der Personenzug von Brixen kommend in Klausen ein. Zwei Waggons waren überfüllt, der dritte leer, aber versperrt. Die Fahrgäste, die in Klausen einstiegen wollten, kamen nicht mehr in den Zug und standen in den Türen bzw. auf den Trittbrettern. Der Schaffner verständigte die Carabinieri, die eine Person zur Klärung des Sachverhaltes mitnahmen. Nach einem „erzwungenen" Aufenthalt von 18 Minuten konnte der Zug seine Fahrt in Richtung Bozen fortsetzen. (Tageszeitung „Dolomiten").

Der Brennerbasistunnel ist nicht erst heute im Zentrum der Diskussion. Bereits in den Jahren 1991 und 1992 diskutierte der Gemeinderat darüber und verabschiedete negative Stellungnahmen, gleich wie alle anderen Gemeinden des Eisacktales.

1991
Das erste Gasslfest

„G'orbetet, g'feiert und g'leb!" Unter diesem Motto hat eine Gruppe von engagierten Klausner Vereinsvertretern das Gasslfest ins Leben gerufen. Seither wird es in regelmäßigen Abständen veranstaltet und erfreut sich nach wie vor größter Beliebtheit. Das Wichtigste beim Gasslfest sind die Handwerker, die ihre längst in Vergessenheit geratene Kunst einem großen Publikum vorführen. Klar, dass es anlässlich des Jubiläumsjahres wieder ein Gasslfest gibt. Es wird am 9. und 10. August 2008 mit einem großen historischen Umzug und einem Handwerkermarkt begangen.

Seit 1991 eine beliebte Einrichtung: Das Klausner Gasslfest.

18. Juni 1994
Eröffnung des neuen Schwimmbades in Leitach

Das alte Schwimmbad am Schindergries war vielen Klausnern ans Herz gewachsen. Um den Parkplatz vergrößern zu können, sollte es abgebrochen werden. Den Liebhabern des Schwimmbades gelang es jedoch, den Abbruch von einer Saison auf die andere zu verzögern.

Das neue Schwimmbad in der Sportzone in Leitach entstand zu Beginn der Neunzigerjahre. Wegen der enormen Steigerung der Baukosten stand es stark im Kreuzfeuer der Kritik. Die feierliche Eröffnung erfolgte am 18. Juni 1994.

Das Gebäude des neuen Schwimmbades in der Sportzone in Leitach.

1996
Die Stadtgemeinde erwirbt den Grauen Bären

Als der Gasthof zum Grauen Bär zum Verkauf stand, beschloss die Stadtgemeinde Klausen, ihn zu erwerben, um in den Obergeschossen Altenwohnungen zu errichten.
Da die Lokale im Erdgeschoss unverändert erhalten geblieben sind, konnte auch die Tradition des Wirtshauses weitergeführt werden.

1999 und 2003
Besuch von italienischen Spitzenpolitikern.

Italienische Spitzenpolitiker haben in den letzten 20 Jahren während ihrer Urlaube in Südtirol in privater Form häufig die Stadt Klausen besucht.
In den Achtzigerjahren verbrachte Staatspräsident Sandro Pertini seine Sommerferien traditionsgemäß in Wolkenstein. Auf seinen Ausflügen kam er einige Male nach Klausen.
Der mehrmalige italienische Ministerpräsident Giulio Andreotti verbrachte seinen Neujahrsurlaub im Hotel Palace in Meran. Frau Andreotti hatte sich bei früheren Besuchen in Südtirol den Blick auf Säben so gut eingeprägt, dass sie am Morgen des 3. Jänner 1999 den Wunsch äußerte, hierher zu kommen.
Am späten Vormittag erschien das Ehepaar Andreotti, begleitet von drei Leibwächtern, in Klausen. Mit zwei Jeeps der Feuerwehr wurde die Gruppe nach Säben gebracht. Bei der Führung durch den Klosterbereich und durch die Stadt erwies sich der „Presidente" als äußerst interessiert und gesprächig. Nach dem Mittagessen in der Vogelweide ging es wieder nach Meran zurück.

Mit Francesco Cossiga, dem ehemaligen Staatspräsidenten, besuchte ein weiterer italienischer Spitzenpolitiker die Stadt Klausen. Der Kurzbesuch erfolgte am 2. September 2003 während des Sommerurlaubs Cossigas in Toblach. Er kehrte im Goldenen Adler ein, besuchte die renovierte Loretokapelle und trug sich vor seiner Abreise ins goldene Buch der Stadt Klausen ein.

Der ehemalige Staatspräsident Francesco Cossiga beim Goldenen Adler in Klausen.

Juli 2001
Wiedereröffnung des Walthersaales

Die Restaurierung und Erhaltung der Kulturgüter ist eine der wesentlichsten Maßnahmen zur Pflege des Stadtbildes. In den letzten zehn Jahren sind in diesem Bereich durch öffentliche und private Investitionen größte Anstrengungen unternommen worden.

Meist handelte es sich um kirchliche Einrichtungen. Mit dem Walthersaal im ehemaligen „Lampl"-Wirtshaus wurde auch ein profanes Denkmal restauriert. Ein wesentliches Stück der Klausner Kultur- und Gasthausgeschichte ist auf diese Weise gerettet und den Besuchern zugänglich gemacht worden.

1. Jänner 2008
Eröffnung des Jubiläumsjahres

Das Klausner Jubiläumsjahr wurde mit einem feierlichen Gottesdienst eröffnet. Dekan Gottfried Fuchs feierte ihn gemeinsam mit Bischof Wilhelm Egger. Die Feier wurde vom Klausner Kirchenchor und einem Orchester mit der Europahymne und der Missa brevis von Michael Haydn feierlich gestaltet.

Isabella Kantioler im Walthersaal, unbezeichnetes Gemälde

Stichwortverzeichnis mit Seitenangabe und Jahreszahl

Katastrophen
49	(1533)	64	(1630) ff.
70	(1638) ff.	93	(1706)
151	(1921) ff.	189	(1965)
189	(1966)		

Kriegsereignisse
144	(1915)	148	(1918)
161	(1935)	165	(1943)
165	(1945)		

Künstlerstadt
109		119	(1864)
124	(1874) ff.		

Märkte in Klausen
33	(1429)	115	(1835)

Pfarrkirche
26	(1328)	63	(1625)
82	(1680)	113	(1809)
142	(1912)		

Pflegeeinrichtungen
26	(1328)	35	(1471)
82	(1690)		

Pfunderer Bergwerk
24	58		(1596)

Rathaus
36	(1471)	61	(1609)

Reformation
43	(1527)	50	(1535)
55	(1561)		

Säben
18		29	(1406)
49	(1533)	68	(1630)
82	(1686) ff.	85	(1688) ff.
112	(1808)	165	(1943)

Schule
53	(1541)	61	(1609)
94	(1749) ff.	134	(1881)
150	(1919)	154	(1923)
164	(1939)	165	(1943)
175		187	(1963)

Stadtbeamte
24		47	(1531)
59	(1596)	74	(1638)

Stadtgasse
32	(1424)	35	(1429)
68	(1630)	115	(1835)
118	(1864)	139	(1906)
158	(1933)	193	(1975)

Stadtmauer
31	(1424)		

Inhaltsverzeichnis